भारतेन्दु रंगमण्डल

अभिनय कार्यशाला लखनऊ की प्रस्तुति

सावित्री-2007

कैलाश चन्द्र

निर्देशक

अभिजीत कुमार मण्डल

वाणी प्रकाशन

वाणी प्रकाशन

4695, 21-ए, दरियागंज, नयी दिल्ली 110 002

फ़ोन : +91 11 23273167 फ़ैक्स : +91 11 23275710

शाखाएँ

अशोक राजपथ, पटना 800 004, बिहार

कॉफ़ी हाउस कैम्पस, महात्मा गांधी मार्ग, इलाहाबाद 211 001, उत्तर प्रदेश

महात्मा गांधी अन्तरराष्ट्रीय हिन्दी विश्वविद्यालय, वर्धा 442 001, महाराष्ट्र

www.vaniprakashan.com
marketing@vaniprakashan.in
sales@vaniprakashan.in

Savitri-2007
by Kailash Chandra

ISBN : 978-81-8143-689-4
Satire/Play

संस्करण 2007, 2018
तृतीय संस्करण 2022

मूल्य : ₹ 95

आवरण चित्र : राजा रवि वर्मा

आवरण : वाणी चित्रांकन

आर. टेक ऑफ़सेट प्रिंटर्स, दिल्ली-110 032 में मुद्रित

वाणी प्रकाशन का लोगो मक़बूल फ़िदा हुसेन की कूची से

सावित्री 2007 को पढ़ने के बाद

कैलाशचंद्र के नाटक सावित्री 2007 को दो बार शुरू से लेकर आख़री तक पढ़ गया हूँ। हर बार यही लगा कि इसे फ़ंतासी कहा जाए अथवा यथार्थवादी या कि दोनों का मिश्रण जो शुरू से अंत तक दिखाई पड़ता है। पहले अंक के दो दृश्य परिवेश की दृष्टि से अथवा पात्रों के नाम और परिचय के कारण अवश्य ही यमलोक का वातावरण रचते हैं। लेकिन उनमें होनेवाला सारा कार्य व्यापार आज के किसी भी सरकारी दफ़्तर से हूबहू मिलता-जुलता है। और इसके बाद के अंक दो और तीन तो इसी धरती पर घटित होते हैं। यह अलग बात है कि इनमें तीन पात्र अर्थात् दो यमदूत और एक यमराज दूसरी दुनिया से आते हैं। नाटक का पहला अंक और अंक दो और तीन एक बहुत ही दिलचस्प विरोधी समांतर प्रस्तुत करते हैं। पहले अंक की पृष्ठभूमि यमलोक की है लेकिन उसमें एक दो लोग ज़मीन के हैं, जबकि अंक दो और तीन इसी ज़मीन पर स्थित हैं। लेकिन यहाँ पर तीन पात्र यमलोक से प्रकट होते हैं। देखा जाए तो यथार्थ और भ्रम साथ-साथ और अंततः यह यथार्थ अति यथार्थ में परिवर्तित हो जाता है।

नाटक के कथ्य पर अलग से कुछ लिखने की ज़रूरत नहीं। इसका शीर्षक ही अपने आप में जैसे सब कुछ उजागर कर देता है। वास्तव में नाटक का कौशल उसके कथ्य से ज़्यादा शिल्प संरचना में है। मात्र 50 पृष्ठ का नाटक और उसमें भी तीन अंक और सात दृश्य अर्थात् सबकुछ तेज़ी से घटित होता है कि आपको अलग से कुछ सोच-विचार करने का अवकाश ही नहीं होता। इसीलिए मेरी दृष्टि में प्रस्तुति के स्तर पर इसे जितनी तेज़ रफ़्तार से खेला जाएगा उतना ही ज़्यादा से ज़्यादा हास्य और व्यंग्य पैदा होगा।

यदि हम इसे शुद्ध यथार्थवादी नाटक की तरह से खेलेंगे तो हमें सिर्फ़ हूटिंग के लिए तैयार रहना होगा। यद्यपि पहला अंक रफ़्तार के दृष्टि से थोड़ी धीमी गति से लिखा गया है। लेकिन हमें उस धीमी गति को अपने अभिनय और क्रिया-प्रतिक्रिया से तोड़ देना होगा। इसके तीसरे अंक में स्वयं में ही इतनी तेज़ी है कि अभिनेता को अलग से किसी अतिरंजना की ज़रूरत नहीं।

मुझे इसकी प्रस्तुत देखने का मौक़ा नहीं मिला। इसीलिए मैंने नाटक की संभावित प्रस्तुति शैली पर विस्तार से चर्चा की है। रचनाकार को पुनः मेरी तरफ़ से बहुत-बहुत शुभकामनाएँ क्योंकि **हारमोनियम के एवज़** में जैसी कहानी पढ़ने और प्रस्तुत करने के बाद इस नाटक के बहाने से मुझे उनके लेखन के दूसरे पक्ष की भी जानकार मिले। जो हास्य और व्यंग्य से भरपूर है।

–देवेन्द्र राज अंकुर

निर्देशकीय

तब भी सावित्री किसी भी तरह अपने पति के प्राणों की वापसी चाहती थी और आज भी चाहती है, मगर तब संदर्भ और विषय और थे, आज और हैं। तब 'मन और प्राण' सत्य हुआ करते थे आज पद, प्रतिष्ठा और 'प्रॉस्प्रेरटी' अधिक 'सत्य' लगते हैं। तब वो अपने होने का एहसास पति के माध्यम से अनुभव करती थी, मगर आज उसे पति से अलग न केवल अपने स्वतंत्र अस्तित्व, पहचान, अतिरिक्त सत्ता की तलाश और निर्णय लेने की स्वतंत्रता की आवश्यकता है, अपितु आज जीवन के प्रत्येक क्षेत्र में अधिकार, कर्तव्य, इच्छा, अपेक्षाएँ और आकांक्षाओं को लेकर उसकी अपनी एक स्वतंत्र सोच भी है।

नाटक का 'चरमोत्कर्ष' और उसका 'अंत' सावित्री के समसामयिक स्वरूप को आज के संदर्भ में उद्घाटित करने का प्रयास करते हैं यद्यपि संकुचित, सूक्ष्म तथा विस्तृत अर्थों में उसके चरित्र के सारे गुण संपूर्ण स्त्री वर्ग की छवि तथा उनकी मानसिकता का निश्चय ही प्रतिनिधित्व तो नहीं करते परंतु एक 'कोण' या 'आयाम' अवश्य हो सकते हैं।

फंतासी परिदृश्य से प्रारंभ प्रस्तुति का यथार्थवादी धरातल पर उत्सुकता पूर्ण नाटकीय अंत, शायद यही संदेश देने का प्रयास करता है कि जीवन सपनों का पेरिस और कल्पनाओं का स्वर्ग न होकर ठोस यथार्थ की 'हिरोशिमा' है।

''नाटक ऐसा हो कि अभिनय न लगे, और अभिनय ऐसा हो कि नाटक न लगे'' उक्त निचोड़ को ही सही अर्थों में चरितार्थ करने का मैंने प्रयास भर किया है। कहाँ तक सफल रहा हूँ ये मैं आप सुधिजन दर्शकों के ऊपर छोड़ता हूँ।

रुचि और अपेक्षा के अनुरूप खरा न उतर पाने की अक्षमता एवं भूलों के प्रति क्षमा याचना के साथ प्रस्तुति आपकी प्रतिक्रिया के लिए प्रस्तुत है।

–अभिजीत कुमार

मंच पर

परलोकी	मोहम्मद सईद वारसी
यमलोकी	अजय कुमार त्रिपाठी
अकाल मृत्यु बाबू/कुलीन/राहगीर	गौरव श्रीवास्तव
हलाखल बाबू/एक व्यक्ति	धीरेंद्र कुमार
गोलोक बाबू	राजेश कुमार यादव
कालकूट बाबू/भिखारी	मोहम्मद इक़बाल
बाबू एक	विवेक कुमार
बाबू दो/राहगीर	विवेक मिश्रा
बाबू तीन/अनिल/सूत्रधार	यतींद्र सिंह त्रिवेदी
बाबू चार/सूत्रधार	रजत सक्सेना
बाबू पाँच/राहगीर	नारायण दत्त पांडेय
आगंतुक/रामपाल शर्मा/बाबू	कमल चंद्रा
व्यक्ति एक/कफ़ासुर	अतुल शुक्ला
व्यक्ति दो/राहगीर/बाबू	विद्यासागर सिंह
बुजुर्ग व्यक्ति	संजय सिंह यादव
ताड़कासुर	अंबुज मिश्रा
नरकासुर	अमरजीत सिंह
जीवराखन बाबू	नितिन द्विवेदी
यमदूत एक	आनंद श्रीवास्तव
यमदूत दो	मोहम्मद मियाँ
यमदूत तीन	विप्लव प्रकाश सिंह
राहगीर	सुहेल शाह

राहगीर	बृजेश पांडेय
केले वाला/राहगीर	संजीव कुमार शर्मा
भिखारी	अजय कुमार सक्सेना
बाबू पाँच/सिपाही/आरिफ़	देश दीपक द्वंद्व
दरोगा	विनोद कुमार यादव
सिपाही एक/बाबू	हरीश दत्त शर्मा
सिपाही दो/बाबू	विनय कुमार पाण्डेय
सिपाही तीन	नीरज आनंद
जगदीश पांडेय	राजबहादुर शुक्ल
यमराज	अवनीश कुमार मिश्रा
राहगीर	दुर्गा कुमार त्रिपाठी/राजेंद्र सिंह एक अन्य रंगकर्मी
नितिन श्रेष्ठ	अतुल दीक्षित
अमिता श्रेष्ठ/राहगीर/सूत्रधार	नलिनी सिंह
सूत्रधार/राहगीर	शबाना खान
गुब्बारे वाला	साकेत कुमार

मंच परे

मंच व्यवस्थापक	अतुल दीक्षित
सहायक मंच व्यवस्थापक	गौरव श्रीवास्तव
दृश्य बंध परिचालन	देश दीपक द्वंद
सहायक	नीरज आनंद, कमल चंद्रा अवनीश मिश्रा, अतुल शुक्ला, मोहम्मद सईद वारसी, विनोद्व कुमार यादव, हरीश दत्त शर्मा, धीरेंद्र कुमार, अजय कुमार त्रिपाठी, राज बहादुर शुक्ल, बृजेश मिश्रा
वेशभूषा व्यवस्था	नलिनी सिंह
सहायक	अतुल शुक्ला, विद्यासागर सिंह, रजत सक्सेना संजय सिंह यादव
मंच सामग्री व्यवस्था	मोहम्मद मियाँ, कमल चंद्रा, राजेश कुमार यादव, धीरेंद्र कुमार
प्रकाश व्यवस्था	दलबीर सिंह
सहायक	संजय सिंह यादव, मोहम्मद इक़बाल, आनंद श्रीवास्तव,
मुख सज्जा	हेम सिंह

सहायक	विनय कुमार पांडेय, यतींद्र सिंह, अंबुज मिश्रा, अमरजीत सिंह
संगीत एवं ध्वनि प्रभाव	नारायण दत्त पांडेय, विवेक मिश्रा, दुर्गा कुमार त्रिपाठी, गौरव श्रीवास्तव, अवनीश मिश्रा
प्रचार पोस्टर/प्रस्तुति व्यवस्था	नितिन द्विवेदी,
सहायक	विवेक मिश्रा, नीरज आनंद, विवेक कुमार, विप्लव प्रकाश सिंह
कोरस	शबाना खान एवं समस्त रंगकर्मी
प्रस्तुतिदल	समस्त रंगकर्मी

परिकल्पना एवं निर्देशन

अभिजीत कुमार

बहुत दिनों बाद कार्यालय पधारने पर यमराज का सत्कार करते बाबू

जीवराखन बाबू और यमदूत

जीव आगम-निर्गम कार्यालय में बूढ़े आदमी की फरियाद सुनते यमराज

महत्त्वपूर्ण फायलों पर बाबुओं से चर्चा करते यमराज

फायल पेंडिंग रखने पर कार्यालय के बाबुओ पर बिगड़ते यमराज

थाने के लॉकअप में बंद यमदूतों से पति के प्राण वापस लौटाने
की प्रार्थना करती सावित्री और भांग के नशें में फर्श पर पसरा सिपाही

अंक एक

दृश्य-1

यमलोक के एक दफ्तर का दृश्य। सामने की दीवार पर जीव आगम-निर्गम कार्यालय का बोर्ड टँगा है। आठ-दस टेबल-कुर्सियाँ कुछ बेतरतीबी से पड़ी हैं। टेबलों पर इन-आउट की ट्रे रखी हुई है। इन-ट्रे में फाइलों का ढेर लगा हुआ है। आउट-ट्रे लगभग खाली है और अधिकतर टेबलों पर नदारत हैं। इससे कार्य के प्रति दिलचस्पी का पता आसानी से चल जाता है। मंच पर प्रकाश होते ही दफ्तर का चपरासी परलोकी बाएँ कंधे पर अंगोछा डाले प्रवेश करता है। दफ्तर की घड़ी इस वक्त 11 बजा रही है। परलोकी टेबलें साफ करने की नीयत से पास जाता है और बिना कपड़ा मारे लौट आता है।

परलोकी : लो अब का सफाई करें। यहाँ हर टेबल पर तो दस-पंद्रह मक्खियाँ पड़ी हुई हैं। इस दफ्तर के बाबू लोग दिन भर मक्खियाँ मारते रहते हैं पर काम कुछ नहीं करते हैं *(घड़ी की तरफ देखकर)* ये लो 11 बज गए और एक भी बाबू के दर्शन अभी नहीं हुए। पर हमको क्या हम तो इस दफ्तर के चपरासी हैं और चपरासी ही बने रहेंगे। चल परलोकी अब तू लग जा काम पर।

(परलोकी टेबलों पर अंगोछे से उल्टे-सीधे हाथ मारता है।

तभी अकालमृत्यु बाबू हाथ में फाइलें पकड़े प्रवेश करते हैं। वे सीधे अपनी टेबल की ओर बढ़ जाते हैं। परलोकी उन्हें अभिवादन करता है)

अकालमृत्यु : सुनो हो परलोकी।

परलोकी : जी बाबू साब!

अकालमृत्यु : ये पकड़ो मुद्रा और दौड़ कर बाजार से 5-6 बीड़ा पान के बँधवा लाओ, खमीरी तंबाकू अलग से ले आना। आफिस आने की जल्दी में ससुरा आज पान बँधवाना तक भूल गए।

परलोकी : *(धीरे से)* कल्ले में पान दाबे बिना आपके हाथ भी तो नहीं चलते। पिच्च से थूक-थूक कर पूरा दफ्तर लाल कर दिया है। चारों तरफ जैसे खून ही खून फैला पड़ा हो।

अकालमृत्यु : क्या! परलोकी क्या बड़बड़ा रहे हो!

परलोकी : कुछ नहीं बाबू साब। पर हम बाजार पान बँधवाने चले गए तो फिर ये टेबलें कौन पोंछेगा। ये तो बताओ।

अकालमृत्यु : पर ये टेबलें दफ्तर खुलने के बाद अभी क्यों पोंछ रहे हो। पहले भी तो पोंछ सकते थे।

परलोकी : पहले कहाँ से पोंछ देते बाबू साब! नौ बजे तक तो बँगला ड्यूटी रहती है। फिर घर आए, नहाए-धोए, खाना खाए और चले आए दफ्तर। बीच में कहाँ टाइम मिलता है।

अकालमृत्यु : तो आज क्या इंस्पेक्शन है किसी का जो टेबलें साफ होना जरूरी है। आज टेबलें साफ न होंगी तो क्या बिगड़ जाएगा।

परलोकी : समझ गया। पान जरूरी है। ससुरा दफ्तर तो रोज ही लगता है। आज बाबुओं को अपनी आस्तीनों से अपनी टेबलें साफ करनी पड़ेंगी। हमें क्या।

अकालमृत्यु : बहुत बकबक कर ली तुमने। अब लो ये मुद्रा पकड़ो और बाजार तक की दौड़ लगा लो फौरन।

(तभी आदमी-1 दफ्तर में प्रवेश करता है)

आदमी-1 : कालकूट बाबू अभी तक दफ्तर नहीं आए क्या।

परलोकी : अपनी सीट पर बैठे तो नहीं दिख रहे। अभी घर से न आए होंगे।

आदमी-1 : दफ्तर आने का समय तो बीत गया पर आए अभी तक नहीं। अंधेर है...

परलोकी : लो इसमें अंधेर क्या है। नहीं आए बस। कालकूट का जो लड़का है न क्या नाम है उसका—हाँ कालखूसट उसकी नाक बहने लगी होगी। इससे नहीं आए अभी तक।

आदमी-1 : कालकूट बाबू को तनख्वाह अपने बच्चे की नाक पोंछने की मिलती है क्या।

परलोकी : अरे नहीं साहब। तनख्वाह तो वे दफ्तर में काम करने की ही पाते हैं। पर ये तो बताओ उनसे काम क्या है।

आदमी-1 : काम उनसे है सो उनको ही बताएँगे।

परलोकी : *(धीरे से मुस्करा कर)* कोई पिराईवेट काम है क्या उनसे।

आदमी-1 : मौत के इस दफ्तर में प्राइवेट क्या है। कालकूट बाबू परसों मिलेंगे क्या।

परलोकी : परसों की काहे पूछे साहब। कल की काहे नहीं पूछे।

आदमी-1 : कल शायद उनकी निजी नाक बहने लगे और इस बहाने वे दफ्तर न आएँ। इसलिए एक दिन की गुंजायश करके पूछा।

(परलोकी कुछ बोलने को होता है पर अकालमृत्यु बाबू उसे डपट देता है)

अकालमृत्यु : तुम्हें पान लाने बाजार जाना है न परलोकी और तुम हो कि पूरा दिन यहीं खड़े-खड़े गुजारे दे रहे हो।

परलोकी : हाँ। वो पान—पर टेबलों पर धूल...

(कुछ-कुछ कन्फ्यूज सा बाहर चल देता है)

आदमी-1 : परसों मिलेंगे क्या?

अकालमृत्यु : अब हम परसों की बात क्या जानें। परसों अपनी सीट पर मिल भी सकते हैं। आखिर कालकूट बाबू का ठौर-ठिकाना इस दफ्तर के सिवा और कहाँ है। एक न एक दिन तो मिलेंगे ही अपनी सीट पर।

आदमी-1 : इस तसल्ली के लिए धन्यवाद। पर ये तो बताएँ इतनी सारी धंधलियाँ क्यों चल रही हैं इस दफ्तर में?

अकालमृत्यु : धाँधलियाँ। कैसी धाँधलियाँ। कहीं आप पिए तो नहीं हैं।

आदमी-1 : बिल्कुल नहीं। पूरे होशोहवास में हूँ। ये तो बताएँ एक आदमी जो अपने पूरे जीवन में पाखंड करता रहा उसने इसके अलावा कुछ नहीं किया। वह यहाँ स्वर्गलोक में सुख भोग रहा है। ऐसे कैसे। उसके खाते में पुण्य कैसे पड़ गए।

अकालमृत्यु : *(थोड़ा जोश में आकर)* वो ऐसा है साहब। किसी नेक और ईमानदार आदमी के खाते के पुण्य निकालकर दूसरे के खाते में नत्थी कर देते हैं *(दाँतों से जीभ काटकर)* ये मैं क्या कह गया सरपेटे में *(सँभल कर)* नहीं। नहीं। ये कैसे हो गया आश्चर्य है। दरअसल आप जो कह रहे हैं किसी हड़बड़ी में यह गड़बड़ी हो गई होगी। वरना पाप और पुण्य के हिसाब से नरक और स्वर्ग यहाँ दिया जाता है।

आदमी-1 : हड़बड़ी में गड़बड़ी। मुहावरा अच्छा है। पर कैसी हड़बड़ी।

अकालमृत्यु : *(अटक-अटक कर बोलता है)* हड़बड़ी ऐसे कि बहुत काम आ जाता है सिर पर तो ऐसा हो जाता है कभी-कभी। जो स्वर्ग जाने लायक है वह नरक चला जाता है और जिसे नरक जाना चाहिए वह स्वर्ग पहुँच जाता है। छोटी-छोटी भूलें हैं जो हो जाती हैं। बाद में जानकारी मिलने पर इन भूलों को सुधार लिया जाता है।

आदमी-1 : ऐसी भूलों को आप छोटी-छोटी भूलें कहते हैं। कालकूट बाबू के पास एक ऐसी ही फाइल है। एक स्कूल शिक्षक रसिकबिहारी को यहाँ रौरव नरक दिया गया है। एक-एक भूल के लिए उन्हें दस मर्तबा तेल के खौलते कड़ाह में तला जा रहा है। जब कि वे एक नेक शिक्षक और भले इंसान रहे हैं। इस भूल को सुधारा नहीं गया अभी तक।

अकालमृत्यु : हाँ भूलचूक वाली ऐसी फाइलें कालकूट बाबू ही अपने पास रखते हैं। *(बात बदलकर)* आपके यहाँ ऐसी कोई गड़बड़ी हुई है क्या?

आदमी-1 : हाँ तिलोत्मा के साथ। जिस त्वचा को उसने क्रीम और लेप लगा लगा कर चिकना और मुलायम बनाया था, यहाँ नरक में उसकी खाल खींची जा रही है, फिर उस पर नीबू और नमक चुपड़ा जा रहा है। आह! वह भली और भद्र

औरत उस पर कितना जुल्म ढाया जा रहा है।

अकालमृत्यु : वैसे ये आपकी कौन लगती हैं—ये तिलोत्मा देवी।

आदमी-1 : तुम्हें इससे क्या। ये बताओ शिकायत पुस्तिका कहाँ है। मैं एक शिकायत दर्ज कराना चाहता हूँ कि इस दफ्तर के बाबू लोग कभी अपनी सीट पर नहीं मिलते।

अकालमृत्यु : दरअसल जिस बाबू के पास शिकायत पुस्तिका है वह आज छुट्टी पर है और वह अपना चार्ज किसी को देकर नहीं जाता।

आदमी-1 : बड़ा चुतियापा दिखता है इस दफ्तर में। शिकायत पुस्तिका वाला बाबू छुट्टी पर है। अब शिकायत क्या लिखोगे। **(आदमी-1 बाहर जाने को होता है और दरवाजे से भीतर आते आदमी-2 से टकरा जाता है)**

आदमी-1 : अहमक।

आदमी-2 : जी। आपने मुझसे कुछ कहा।

आदमी-1 : अगर आपका नाम मि. अहमक नहीं है तो आपसे नहीं। **(आदमी-1 बाहर चला जाता है)**

आदमी-2 : मेरा नाम अहमक तो नहीं मृतप्राय प्रसाद है। लोग जबरदस्ती परिचय निकालते हैं।

अकालमृत्यु : आपको किससे मिलना है। पहले से ही बताए देता हूँ कि वे सीट पर नहीं होंगे।

आदमी-2 : महाकाल बाबू आज भी दफ्तर नहीं आए क्या?

अकालमृत्यु : कल उनकी छुट्टी की अरजी आ गई थी।

आदमी-2 : आप लगता है ज्योतिषी हैं। बिना नाम पूछे ही आपने बता दिया कि महाकाल बाबू अपनी सीट पर नहीं हैं।

अकालमृत्यु : यह तो रोज का किस्सा है। इसके लिए किसी ज्योतिष ज्ञान की आवश्यकता नहीं है।

आदमी-2 : इस दफ्तर में 17 बाबू काम करते हैं जिनमें कम से कम 5 बाबू कोई न कोई बहाना लेकर रोज छुट्टी पर बने रहते हैं।

(हलाहल बाबू प्रवेश करते हैं। बिना इधर-उधर देखे सीधे अपनी सीट की ओर बढ़ जाते हैं। वे आदमी-2 की बात

सुन लेते हैं)

हलाहल : छुट्टी लेना कोई गुनाह है क्या। इस दफ्तर में जो भी आता है बस बाबुओं को ही कोसता चला जाता है। ये कोई नहीं देखता कि एक-एक बाबू के ऊपर काम का कितना बोझ लदा रहता है। ऊपर से चित्रगुप्त भगवान ओवरटाइम एकदम बंद किए हैं। अब काम हो तो कहाँ से हो।

आदमी-2 : हाँ। हाँ। वो तो देख रहा हूँ कितने कर्मठ हैं आप लोग। दिनभर कोई बाबू काम नहीं करता। सारा काम बस ओवरटाइम के लिए खिसकाता रहता है। फाइलें कभी खुलती नहीं। किसी कागज का पता नहीं चलता यहाँ। **(पान लिये परलोकी भीतर आता है। अकालमृत्यु बाबू की टेबल पर पान का बीड़ा रख देता है। आदमी-2 का अंतिम वाक्य वह सुन लेता है)**

परलोकी : अब कोई क्या बताए कि इस दफ्तर में फाइलें क्यों नहीं खुलतीं। ये जो फाइलें हैं न तिलिस्म की तरह हैं। इनको खोलने का इल्म है। *(हँसता है)*

अकालमृत्यु : चुप्प। तुम्हें शर्म नहीं आती परलोकी। इस दफ्तर के मुलाजिम होकर इसी दफ्तर की बुराई पर बुराई झाड़े चले जा रहे हो।

परलोकी : ये लो इसमें बुराई क्या है। हम तो अपने दफ्तर के काम करने की सिफत बता रहे थे। ठीक है अगर आपको बुरा लगता है तो आगे से ध्यान रखेंगे। पान ले आए हैं। **(अकालमृत्यु बाबू पान के बीड़ा उठाकर टेबल की दराज में डाल लेते हैं। तभी तीन चार बाबू थोक में प्रवेश करते हैं। वे एक-दूसरे का अभिवादन झेलते अपनी-अपनी सीटों पर विराजमान हो जाते हैं)**

अकालमृत्यु : महाकाल बाबू से क्या काम है आपको।

आदमी-2 : उन्होंने मेरे पिताजी को गिद्ध योनि पकड़ा दी है।

अकालमृत्यु : करते क्या थे आपके पिताजी।

आदमी-2 : सूदखोरी का धंधा।

अकालमृत्यु : तब तो ठीक ही योनि मिली है आपके पिताजी को। वहाँ

धरती पर जिंदा आदमी की बोटी नोचते थे अब मरे हुए की नोचेंगे।

आदमी-2 : *(चिढ़कर)* पिताजी से पूछना तो चाहिए था।

अकालमृत्यु : उन्होंने इसके लिए अरजी दी होगी।

आदमी-2 : उन्होंने ऐसी कोई अरजी नहीं दी है।

अकालमृत्यु : *(हँस कर)* तो उनके किसी शुभचिंतक ने उनके नाम पर ऐसी अरजी लगा दी होगी।

आदमी-2 : *(गुस्से में)* यह धाँधली है। मैं मुकदमा करूँगा।

अकालमृत्यु : अवश्य करिए। किसी ने रोका है क्या। पर मुकदमा करेंगे कहाँ।

आदमी-2 : यहीं और कहाँ।

अकालमृत्यु : पर वकील कहाँ मिलेंगे आपको। वे तो सब नरक भोग रहे हैं।

(इस पर सभी बाबू हँस पड़ते हैं। आदमी-2 खिसिया जाता है)

आदमी-2 : बड़ा अजब दफ्तर है ये। ठिठोली करते हैं।

(बाहर चला जाता है)

हलाहल : आफिस में आकर साँस भी नहीं ले पाते कि साले सिर पर सवार हो जाते हैं। चला गया। मुकदमा करेगा। हुँह।

(एक बूढ़ा आदमी जिसकी कमर समकोण पर झुकी है एक लाठी के सहारे भीतर आता है। हर एक टेबल के सामने खड़े होकर वह बाबुओं को गौर से देखता आगे बढ़ता जाता है। एक टेबल के सामने वह ज्यादा देर तक खड़ा रहता है जैसे पहचान लिया हो।)

बूढ़ा आदमी : गोलोक बाबू हो न। आज मिले हो अपनी सीट पर। महीने भर से चक्कर काट रहा हूँ। सीट पर मिलते ही नहीं थे। सौभाग्य से आज मिल गए।

गोलोक : क्या काम है मुझसे। काम की बात करो। फालतू की झिकझिक मुझे पसंद नहीं।

बूढ़ा आदमी : लो अब हमारा काम भी भूल गए कमाल है।

गोलोक : इसमें कमाल क्या है। भूल जाना कोई कमाल है क्या।

बूढ़ा आदमी : कमाल नहीं है तो क्या है। अरजी के साथ पचास की मुद्रा नत्थी की थी कि हमारा काम भूलो नहीं। यह याद है कि नहीं। यह भी तो नहीं भूल गए।

गोलोक : *(नरम पड़ कर)* सब याद है पर याद दिलाने के लिए भला इतने जोर से बोलने की क्या जरूरत थी। धीरे से नहीं बोल सकते थे। तुमने तो नाक में दम कर दिया बुढ़उ सच्ची।

बूढ़ा आदमी : हमने नाक में दम कर दिया और तुमने क्या कर दिया। तुम हमारे लड़के की फाइल छः महीने से दबाए बैठे हो। उसके जीव को थैली में बाँधे स्टोर में रखे हो तो कुछ नहीं। कह रहे कि अगले जनम के लिए किसी अच्छे खाते-पीते घर में भेजना। हमने तो भुगत ली पूरी जिंदगी मरते खटते किसी तरह और लड़का भरी जवानी इलाज न करा पाने के कारण तपेदिक में गुजर गया। वहाँ धरती पर जीते जी नरक भोगा और मरने के बाद यहाँ परलोक में भी नरक पकड़ा दिया। अब कम से कम लड़के का दूसरा जनम तो सुधर जाए। पर आप लोग तो सुनते ही नहीं साहब।

गोलोक : अब तुम्हें क्या बताएँ यहाँ की परेशानी। एक-एक बड़े घर में पुनर्जन्म के लिए हजारों हजार सिफारिशें लगी हुई हैं। किसकी सुनें किसकी अनसुनी करें। सो ऐसी सभी फाइलें चित्रगुप्त महाराज चाँपे बैठे हैं और सिफारिश लगा कर यमराज के पास नहीं भेज रहे। अब इसमें बताओ हम क्या करें।

बूढ़ा आदमी : *(अपने आप)* उस लोक में मेहनत की खाई तो यहाँ परलोक में नरक मिला। हमें बहुत कानून न सिखाओ। अंधेर मचा है सब तरफ *(सहसा)* न हो तो हमारे लड़के को श्वान योनि ही दे दो। पर उसे श्वान भी किसी बड़े घर का ही बनाना। वहाँ कुत्तों के बड़े मजे रहते हैं। आदमी तरसता है ऐसे मजों के लिए। वे कारों में घूमते हैं, घर की मालकिन की गोदों में सोते हैं, सोफों पर पसरे कूलर की हवा में

आराम फरमाते हैं। क्या ठाटभरी हसीन जिंदगी होती है इन कुत्तों की। इसके लिए किसी की सिफारिश भी न लगी होगी।

परलोकी : *(हँस पड़ता है)* वाह! बुढ़उ वाह! क्या खूब ख्वाहिश है तुम्हारी भी कुत्ता योनि पाने की। एक आए थे गिद्ध-योनि देने पर बिगड़ रहे थे, मुकदमा करने की धमकी दे रहे थे। एक आप हैं जो कुत्ता बना देने की गुहार लगा रहे हैं।

हलाहल : आदमी क्या कुत्ते से भी गया बीता हो गया।

बूढ़ा आदमी : आदमी बन कर देखो तो पता चले। पर यह बताओ चित्रगुप्त महाराज हैं कहाँ। उनसे भेंट कैसे होगी।

परलोकी : महाराज आज अभी तक दफ्तर नहीं आए हैं।

(बाहर से भैंसा के रंभाने की आवाज सुन पड़ती है)

परलोकी : लो महाराज आ गए।

बूढ़ा आदमी : चित्रगुप्त महाराज आ गए क्या।

(आगे बढ़ता है और एक टेबल से टकराकर गिर पड़ता है। परलोकी सहारा देकर उसे उठाता है।

परलोकी : अब तुम्हारी उमर दफ्तरों के चक्कर काटने की नहीं है। एक जगह बैठ कर भगवत भजन करो तो इस नरक से जल्दी मुक्ति मिले।

बूढ़ा आदमी : *(चिढ़ कर)* भजन ही तो करता रहा भइया और फल में यह कुंभीपाक नरक मिल गया। बबुआ हमें सीख न दो। यहाँ के सब घपले हमें मालूम हैं। हमारे मुहल्ले का एक सेठ मिलावटी सामान बेचता था। मर कर अब यहाँ स्वर्ग में अप्सराओं के साथ मौज मस्ती कर रहा है। वहाँ मजे में रहा यहाँ मजे में हो गया।

(परलोकी ही-ही करके हँसता है)

परलोकी : अब इस उमर में तुम्हारी हसरत अप्सराओं के साथ मौज मस्ती करने की है क्या।

गोलोक : पेट में आँत नहीं और मुँह में दाँत नहीं। ऊपर से मौज मस्ती की तमन्ना। वा भई वा! *(हँसता है)*

बूढ़ा आदमी : *(डाँट कर)* चुप शर्म नहीं आती बूढ़े आदमी से मजाक करते। ये कोई नहीं बताता कि आया कौन है।

परलोकी : भैंसा के रंभाने की आवाज नहीं सुन रहे हो क्या। यमराज महाराज आज बहुत दिनों बाद दफ्तर में पधार रहे हैं।

गोलोक : *(टालने के भाव में)* ऐसा है आज तो तुम खिसको यहाँ से फिर किसी दिन देखेंगे फुरसत में तुम्हारा केस। महाराज आज दफ्तर पधारे हैं सो आज दफ्तर कायदे में रहेगा। **(एक दंड लेकर परलोकी मंच के अगले भाग में आकर सावधान मुद्रा में खड़ा हो जाता है)**

परलोकी : सावधान! सावधान!
मौत के इस दफ्तर के काम टालू बाबुओ सावधान! सावधान!
यमलोक की नरक भोगती आत्माओ सावधान!
यमलोक के महामहिम यमराज महाराज लंबे आराम के बाद आज दफ्तर में पधार रहे हैं।
(सभी बाबू सावधान मुद्रा में उठकर खड़े हो जाते हैं। यमराज महाराज दफ्तर में प्रवेश करते हैं और सीधे अपने केबिन में घुस जाते हैं।)

यमराज : *(भीतर से)* अरे फाइलों का इतना बड़ा ढेर हमारी टेबल पर।

परलोकी : फाइलें देखकर महाराज सनक जाते हैं।

पापाचार : *(दौड़कर केबिन के दरवाजे तक पहुँचता है)* ये सब जरूरी फाइलें हैं महाराज।

अकालमृत्यु : इन पर आपकी सही होना है महाराज इसलिए आपकी टेबल पर रखी थीं।

यमराज : *(पापाचार को देखकर केबिन से बाहर निकल जाते हैं)* क्यों पापाचार बाबू पिछले महीने जो हमने इतनी रैकें और अलमारियाँ खरीदी थीं कहाँ चली गईं सब की सब। क्या हुआ उनका जो फाइलें रखने के लिए हमारी ही टेबल मिली।

पापाचार : सब रैक और अलमारियाँ स्टाक रजिस्टर में चढ़ी हैं और दफ्तर के भीतर मौजूद हैं।

यमराज : तो फिर फाइलों को रैकों और अलमारियों में सजा के क्यों

नहीं रखते। लाज लगती है क्या।

पापाचार : नहीं महाराज बिल्कुल नहीं लगती।

गोलोक : *(डरते हुए थोड़ा आगे बढ़कर)* ये सब बहुत जरूरी फाइलें हैं जिन पर आपकी सही होना है महाराज।

यमराज : तुम लोग इतनी जरूरी फाइलें क्यों इकट्ठा कर के रख लेते हो। सही कराते जाते तो निपटती जातीं फाइलें। पर तुम लोगों को मजा आता है इकट्ठी करने में। दरअसल तुम लोग नंबर एक के काहिल हो। बताओ तो कैसी जरूरी फाइलें हैं!

पापाचार : इनमें देवों की सिफारिशें लगी हैं महाराज। पुनर्जन्म के मामलों से संबंधित फाइलें हैं।

यमराज : पुनर्जन्म की फाइलें। पर हम तो मृत्यु के देवता हैं।

अकालमृत्यु : अवश्य। पर पुनर्जन्म की फाइलें इसी दफ्तर से डील होती हैं महाराज।

यमराज : तो।

अकालमृत्यु : ये वे फाइलें हैं महाराज जिनमें जीवों को किसी उद्योगपति, सट्टेबाज, तस्कर, आला-अफसर, अभिनेता, डाकू, मटकाबाज और सांसद-विधायक घरानों में जन्म देने की देवों की सिफारिशें लगी हुई हैं। सबसे ज्यादा सिफारिशें सांसद-विधायक के घरों में जन्म देने बावत लगी हैं।

यमराज : ऐसा क्यों अकालमृत्यु बाबू।

अकालमृत्यु : यों महाराज कि विधायक-सांसदों को रेलवे में सफर करने के लिए फ्री पास मिलता है, डीजल-पेट्रोल पंपों के लाइसेंस इन्हें आसानी से हासिल हो जाते हैं, जिनमें मलाई ही मलाई खाने को मिलती है ऐसी समितियों के सदस्य बन जाते हैं, राजधानी में प्लाट और फ्लैट आसानी से और सस्ती दरों पर मिल जाते हैं। सिप्पा जम जाने पर कहीं मंत्री बन गए तो जो सुख और ऐशो आराम वे भोगते हैं वो यहाँ देवों को भी दुर्लभ है।

यमराज : अरे तुम्हें तो धरती के बारे में बहुत कुछ मालूम है अकालमृत्यु।

अकालमृत्यु : सांसद-विधायकों के कुछ जीव अपने यहाँ पड़े हुए हैं महाराज। उन्हीं से ऐसा पता चला। वे नरक जाना चाहते हैं।

यमराज : पर नरक अपने मन से तो कोई जीव नहीं जाना चाहता। ये नरक स्वेच्छा से जाना चाहते हैं आश्चर्य है।

अकालमृत्यु : आश्चर्य कुछ नहीं है महाराज। स्वर्ग में कोई इनके झाँसे में नहीं आता। नरक में सब इनकी सुनते हैं। इसीलिए।

यमराज : तो ये बात है।

पापाचार : कुछ फाइलें ऐसी भी हैं महाराज जिनमें त्रिदेवों की सिफारिशें लगी हैं।

यमराज : त्रिदेव।

अकालमृत्यु : हाँ महाराज। ब्रह्मा, विष्णु, महेश की सिफारिशें।

यमराज : तब तो इन्हें जल्दी खोलो। क्यों दाबे रखे थे ऐसी बहुत जरूरी फाइलें।

पापाचार : *(एक फाइल खोल कर उनके आगे फैला देता है)* ये देखिए महाराज। ये डाकू खड्ग सिंह से संबंधित फाइल है। हर डकैती के बाद यह डाकू एक शिव मंदिर बनवाता था। शंकर भगवान इस कारण इस डाकू को बहुत बड़ी पुण्यात्मा मानते हैं। उनकी इच्छा है कि इस डाकू को यमलोक में शिव मंदिर बनवाने के लिए कहीं कोई मुकम्मल जगह दी जाए।

अकालमृत्यु : *(हंसकर)* डाकू और पुण्यात्मा। महाराज है न यह विचित्र बात।

यमराज : देवों की मंशा। वे ही जानें।

पापाचार : यह भी एक जरूरी फाइल है महाराज।

यमराज : ठीक है। ठीक है। बहुत मगज न चाटो। लाओ जितनी जरूरी फाइलें हैं आज सभी निपटाए देते हैं। सावधान! आज एक भी फाइल छूटने न पाए। वरना बाद में खबर लूँगा तुम सबकी।

बूढ़ा आदमी : *(पास आकर)* महाराज। एक फाइल मेरे बेटे की भी है। निपट जाती वह भी।

(महाराज अनसुना कर केबिन में घुस जाते हैं। पीछे अकालमृत्यु और पापाचार फाइलें उठाए भीतर आते हैं। कुछ देर बाद सारी फाइलें लिए बाहर आ जाते हैं)

यमराज : *(भीतर से)* निपट गईं सबकी सब या रह गईं।

पापाचार : *(कुछ याद कर)* बस एक फाइल रह गई महाराज। स्टोर वाली फाइल।

बूढ़ा आदमी : मेरे बेटे की फाइल भी रख लो बाबू। निपट जाए वो भी।

यमराज : *(बाहर आकर)* कौन-सी फाइल रह गई है पापाचार।

बूढ़ा आदमी : मेरे लड़के की फाइल है महाराज।

यमराज : किसकी सिफारिश लगी है उसमें।

बूढ़ा आदमी : किसी की नहीं। मेरे लड़के की सिफारिश कौन करेगा महाराज। अभागों की सिफारिश कोई नहीं करता महाराज।

पापाचार : इसमें किसी की सिफारिश नहीं लगी है।

यमराज : तो फिर यह फायल जरूरी कैसे हो गई मूर्ख!

पापाचार : यह फायल यमलोक से संबंधित है महाराज।

यमराज : किस बाबत मूर्ख!

बूढ़ा आदमी : पुनर्जन्म के बाबत है महाराज।

पापाचार : बताया तो था कि स्टोर के बाबत है महाराज। मृत्युलोक में बढ़ती अकाल मौतों के कारण यहाँ जीवों को रखने के लिए स्टोर कम पड़ने लगें हैं। जीवों की जो नई खेप आई है वह स्टोर के बाहर पड़ी है। भीतर रखने के लिए जगह ही नहीं बची है। जीव खुले में पड़े हुए हैं।

यमराज : तो कौन ससुरे मृत्युलोक से पुण्य कमा के आए हैं। ऐसा करो इन नई आई खेपों को नरक में ठूँस दो।

गोलोक : लेकिन पाप पुण्य का लेखा किए बगैर जीवों को नरक में कैसे भेजा जा सकता है महाराज।

यमराज : जैसे मृत्युलोक की जेलों में विचाराधीन कैदी होते हैं वैसे ही ये विचाराधीन जीव। यह समझकर भेजो उन्हें नरक में।

पापाचार : पर मृत्युलोक के कायदे यहाँ यमलोक में लागू नहीं किए जा सकते। ऐसा करेंगे तो अराजकता फैल जाएगी। जीव

माँग करने लगेंगे कि विचाराधीन जीव स्वर्ग में क्यों नहीं रखे जाते।

यमराज : *(गंभीर होकर)* हूँ। ये बात तो है।

बूढ़ा आदमी : *(पास आकर)* महाराज।

यमराज : हूँ। अरे ये कौन है। सिर पर चढ़ा चला आ रहा है।

गोलोक : अरे ये दूर हटो महाराज से। महाराज इसकी एक फायल है अपने दफ्तर में।

बूढ़ा आदमी : और वह फायल अटकी पड़ी है महाराज।

यमराज : तो ये कौन-सी नई बात है। फायल है तो अटकेगी ही। ये दफ्तर है कोई रेसकोर्स का मैदान नहीं जो फायल घोड़े की तरह सरपट दौड़ने लगे। पर अटकी कहाँ है वह फायल।

गोलोक : इस बूढ़े की फायल चित्रगुप्त महाराज की टेबल पर अटकी पड़ी है महाराज।

यमराज : अब समझा चित्रगुप्त फायल क्यों अटकाए हैं। वह अपने को बॉस समझता है। कोई बताए इस दफ्तर का बॉस कौन है।

सभी : महाराज बॉस तो आप ही हैं। लोक-परलोक में सब को इस बात का पता है।

यमराज : *(खुश होकर)* मानते हो न। अब मैं चित्रगुप्त को बताऊँगा कि इस बूढ़े की फायल मैं उससे ज्यादा दिन अटका सकता हूँ। क्योंकि बॉस मैं हूँ चित्रगुप्त नहीं।

बूढ़ा आदमी : *(घबड़ाकर)* क्या कह रहे हैं महाराज। आप भी मेरी फायल अटकाएँगे।

यमराज : अवश्य। बॉस होने के नाते जरूर फायल को अटकाऊँगा।

पापाचार : वह स्टोर वाली फायल रह गई महाराज।

यमराज : नया स्टोर बनाने के लिए जो बजट आया था उसका क्या हुआ।

पापाचार : विश्वकर्मा ने उसे कागजों पर बना दिया है।

परलोकी : *(बूढ़े से)* अब तुम जाओ यहाँ से। तुमने सुन लिया महाराज क्या कह रहे हैं।

बूढ़ा आदमी : महाराज कह रहे थे कि वे फाइल को अटकायेंगे।

यमराज : कागजों पर।

परलोकी : *(बूढ़े से)* अब वे बिना अटकाए मानेंगे नहीं। इस दफ्तर के बॉस वे ही हैं यह बताना उनके लिए बहुत जरूरी है।

(बूढ़ा आदमी असमंजस में भरा खड़ा रहता है)

पापाचार : स्टोर की जगह विश्वकर्मा का महल बनकर खड़ा हो गया।

परलोकी : अब क्यों अटके खड़े हो। जाओ यहाँ से।

यमराज : ओफ! जीव खुले में पड़े हुए हैं स्टोर कागजों पर और महल जमीन पर। ये हो क्या रहा है।

बूढ़ा आदमी : अंधेर है। जैसे तैसे फायल का पता चला तो फायल अटकाने की हुज्जत पर अटक गई है।

यमराज : अंधेर है *(बूढ़े को देखकर)* अरे ये अभी यहीं है। खोपड़ी पर सवार। निकालो इसे यहाँ से। मगज चाट गया।

(परलोकी आगे बढ़ता है। बूढ़े आदमी को धकियाते हुए उसे बाहर कर देता है। उसके जाने पर सभी जैसे राहत की साँस लेते हैं।)

बूढ़ा आदमी : *(नेपथ्य से)* गरीब और मजलूम आदमी की कहीं गुजर नहीं।

(मंच पर अंधकार)

दृश्य-2

जीव-आगम-निर्गम कार्यालय की जीव आगम शाखा का एक कक्ष। समय–अपराह्न। एक पुरानी टेबल पर एक बड़ा सा रजिस्टर खोले जीवराखन बाबू कुछ लिख रहे हैं। दो यमदूत भीतर कक्ष में प्रवेश करते हैं।

यमदूत-1 व 2 : अभिवादन बड़े बाबू।

जीवराखन : आ गए तुम लोग। तुम लोगों के लिए परवाना काटे बैठा हूँ। इंतजार ही कर रहा था। फिर खाना खाने जाना है मुझे।

यमदूत-1 : मृत्युलोक से फिर किसी का जीव लाना है क्या। प्रतिक्षण तो कोई न कोई मरता रहता है।

यमदूत-2 : ये तो रुटीन का काम है बड़े बाबू। इसमें इतने चिंतित क्यों हो जाते हो।

जीवराखन : परवाना पकड़ो तो मेरी चिंता समाप्त हो।

यमदूत-1 : मौत का मुकर्रर वक्त क्या है बड़े बाबू।

जीवराखन : रात के बारह बज कर तीन मिनट और ग्यारह सेकेण्ड।

यमदूत-2 : रात के समय ड्यूटी करना सच्ची बड़ी मुसीबत का काम है।

जीवराखन : ड्यूटी तो ड्यूटी होती है क्या दिन और क्या रात।

यमदूत-1 : ऐसा नहीं हो सकता बड़े बाबू कि मृत्यु सिर्फ दिन को ही हो रात का झंझट ही खत्म हो जाए।

जीवराखन : ब्रह्मा जी आयु लिखते हैं। अब आयु चाहे दिन में पूरी हो अथवा रात में। यमलोक मृत्यु के मुकर्रर वक्त से बँधा है।

यमदूत-2 : सो तो है। फिर हम ठहरे यमदूत। विधान पर प्रश्न नहीं खड़े कर सकते।

यमदूत-1 : पर बड़े बाबू आप रात की ड्यूटी दूसरे यमदूतों की तो लगा सकते हैं यह तो आपके ही हाथ में है।

जीवराखन : यार तुम्हीं लोगों ने तो सिफारिश लगवाकर अपनी रात की ड्यूटी लगवाई थी। वो हिंदी फिल्में देखने के लिए।

यमदूत-2 : हाँ बड़े बाबू। क्या धाँसू होती हैं हिंदी फिल्में। क्या बताएँ। खुद देखोगे तो फड़फड़ा उठोगे बड़े बाबू।

यमदूत-1 : और हिंदी फिल्मों में डांस। क्या गजब का डांस चलता है। वाह! मेनका, उर्वशी, रंभा वगैरह स्वर्ग की अप्सराएँ तो पानी भरें उस डांस के सामने सच्ची।

जीवनराखन : हिंदी फिल्मों की अप्सराएँ।

यमदूत : अप्सराएँ नहीं। हीरोइनें कहो बड़े बाबू हीरोइनें।

जीवनराखन : हाँ हाँ वही। जिनके बारे में तुमने बताया था कि वे कमर के नीचे बस चार अंगुल का अधोवस्त्र पहनती हैं *(कल्पना में डूबकर आँखें बंद कर लेता है)* वाह! वाह! क्या बात

है। देखकर मजा आ जाता होगा। ये तो बताओ क्या ये एकदम सच्ची बात है।

यमदूत-1 : एकदम सच्ची बात बड़े बाबू। विश्वास न हो तो कभी चलो हमारे साथ हिंदी फिल्में देखने। मजा न आए तो कहना। ये डरावनी मूँछें मुड़ा दूँगा।

जीवराखन : कहाँ जा सकते हैं हम यह रोजनामचा और मौत का यह दफ्तर छोड़ कर। हमें तो यहीं खटना है *(गहरी साँस भर कर)* तुम लोग मौज करो। अभी जवान हो।

यमदूत-2 : दुखी न होओ बड़े बाबू। हम यमदूत भी कहाँ सुखी हैं। रोज- रोज बस एक ही काम जीव पकड़कर लाना और यहाँ स्टोर में जमा करा देना।

यमदूत-1 : उधर मृत्युलोक में जैसे बाढ़-सी आ गई है मौतों की। इस वजह से एक-एक यमदूत पर काम का इतना बोझ बढ़ गया है कि पूछो नहीं।

यमदूत-2 : सच्ची बात। कितने प्राणी मरने लगे हैं रोज रोज। आतंकवाद, सांप्रदायिक दंगे, रेल और हवाई दुर्घटनाएँ, भूख और बेरोजगारी, पुलिस और डॉक्टर कितने कारक हो गए हैं मौत के।

जीवराखन : ठीक कहते हो भाई। मौत के इतने दरवाजे खुल गए हैं कि मृत्युलोक से जीवों की आमद का भारी रश चल रहा है।

यमदूत-1 : मृत्युलोक के सैकड़ों चक्कर मारने पड़ते हैं रोज। चक्कर लगाते तबीयत हरी हो जाती है।

यमदूत-2 : ग्रीन। ग्रीन।

यमदूत-1 : मजाक छोड़ो। पहले आदमी के मरने की जगह मुकर्रर होती थी। खटिया या युद्ध भूमि। गए और खींच कर ले आए प्राण।

यमदूत-2 : मगर अब ऐसा नहीं है। आदमी अब कहीं भी राम नाम सत्य हो जाता है। प्राणों की तलाश में पता नहीं कहाँ-कहाँ भटकना पड़ता है अब।

जीवराखन : सो तो है।

यमदूत-1 : आदमी सब्जी लेने निकलता है। रास्ते में कोई कहीं उसे

गोली मार देता है। किस्सा खत्म।

यमदूत-2 : सरकारी स्कूल की ठेके से बनी इमारत भरभराकर गिर पड़ती है। पल भर में सैकड़ों बच्चे उसके नीचे दब कर मर जाते हैं।

यमदूत-1 : राजनीति सांप्रदायिक दंगे कराती है और हजारों लोग बेवजह मारे जाते हैं।

जीवराखन : सो तो है।

यमदूत-2 : कहीं बम फटते हैं और पंचतत्त्व से बने पींजरों के चिथड़े-चिथड़े हो उड़ जाते हैं। वहाँ पहुँचकर जीवों को हवा में लोकना पड़ता है। पूरी कलाबाजी दिखानी पड़ती है। वरना कहाँ गुम हो जाए जीव। ढूँढ़ते रहो।

यमदूत-1 : क्या बताएँ बड़े बाबू। धरती पर मौत के इतने सामान जुट गए हैं कि जीव खोजते जी हलाकान हो जाता है।

जीवराखन : सो तो है। अब ये परवाना पकड़ो और यहाँ दस्तखत करो।

(दोनों यमदूत दस्तखत करके परवाना ले लेते हैं)

यमदूत-2 : और थैली।

जीवराखन : हाँ-हाँ थैली भी पकड़ो और अच्छी तरह से चेक कर लो। ऐसा न हो डोरी ढीली रह जाए और जीव थैली से कहीं सटक जाए। वैसे भी आजकल बड़े सरकस किस्म के जीव आ रहे हैं।

यमदूत-1 : हाँ बड़े बाबू। पहले वाले सीधे-सादे किस्म के जीव कहाँ रह गए हैं अब जो चुपचाप अपने भाग्य का फैसला सुनते थे और बिना चूँ चपड़ किए चल देते थे अपनी करनी का फल भुगतने के लिए।

जीवराखन : अब देखो कितना हाय-तोबा मचाते हैं। धरने पर बैठने की, भूख हड़ताल करने की, यमराज का पुतला जलाने की धमकी देते हैं। अभी पिछले हफ्ते क्या हुआ जानते हो?

यमदूत-2 : क्या हुआ बड़े बाबू?

जीवराखन : यहीं दफ्तर से किसी ढीली ढाली थैली से एक जीव निकल भागा। हड़कंप मच गया।

यमदूत-1 : फिर।

जीवराखन : मृत्युलोक में, सातों अंतरिक्षों में उसकी खोज खबर ली गई। पर व्यर्थ उसका कुछ पता नहीं चला। यमराज महाराज तो बहुत परेशान हो उठे।

यमदूत-2 : आश्चर्य यह है कि मृत्युलोक में भी नहीं मिला। जीवों को अपने शरीरों से बड़ा मोह होता है। छूटते हैं तो सीधे उसी में जा चिपकते हैं। वह जीव फिर मिला कहीं।

जीवराखन : हाँ मिला। इंद्र के दरबार में एक देवता की आसंदी से चिपका अप्सरा रंभा का नृत्य देख रहा था। दरअसल एक कोठे पर मुजरा सुनते उसके प्राण निकले थे। मरने के बाद उसका यह शौक यहाँ भी नहीं छूटा।

यमदूत-1 : कमाल के जीव आने लगे हैं अब।

(तीनों हँसते हैं)

यमदूत-2 : हाँ बड़े बाबू बताओ किसके प्राण हरना है।

जीवराखन : सत्यवान के। तुम्हारे परवाने में नाम लिखा है फिर क्यों पूछते हो।

यमदूत-2 : भूल हो गई बड़े बाबू। क्षमा करना। अब रोजनामचा में हमारी रवानगी डाल दो।

जीवराखन : अभी से। हिंदी फिल्में देखोगे?

यमदूत-1 : हाँ बड़े बाबू। आपकी कृपा से वक्त से पहले रवानगी मिल जाती है तो थोड़ी मौज मस्ती हो जाती है। वरना हम यमदूतों के जीवन में आनंद कहाँ।

जीवराखन : ठीक है। ठीक है। बहुत मस्का न लगाओ। डाले देते हैं रवानगी।

(झुककर रोजनामचा में रवानगी डालने लगता है। मंच पर अंधकार छा जाता है)

अंक दो

प्रकाश होने पर किसी शहर का बाहरी भाग दिखाई पड़ता है। रात का पहला पहर। एक सड़क पर इक्का-दुक्का लोग चलते नजर आते हैं। दोनों यमदूत सड़क पर प्रकट हो जाते हैं।

यमदूत-1 : *(कलाई पर बँधी घड़ी देखकर)* अभी तो आठ ही बजे हैं। बहुत समय है जीव पकड़ने के लिए।

यमदूत-2 : सत्यवान। कहीं यार ये वही प्राणी तो नहीं जिसकी पत्नी का नाम सावित्री है।

यमदूत-1 : पता नहीं। इससे क्या फर्क पड़ता है कि सत्यवान की पत्नी का नाम सावित्री है या सीता। मौत के परवाने में मरने वाले की पत्नी का नाम नहीं लिखा रहता समझे।

यमदूत-2 : चलो मरने वाले का घर ढूँढ़ लें।

यमदूत-1 : अभी से। अभी बहुत वक्त है। चलो किसी सिनेमा में घुस चलते हैं।

यमदूत-2 : फिल्म आधी से भी ज्यादा निकल चुकी होगी। मजा नहीं आएगा।

यमदूत-1 : हिंदी फिल्में कहीं से भी देख लो पूरी समझ में आ जाती है।

यमदूत-2 : नहीं। नहीं। आज मूड नहीं है।

यमदूत-1 : तो चलो बाजार चलते हैं। वहीं घूमेंगे-फिरेंगे कुछ देर। वक्त तो कटेगा।

यमदूत-2 : वहाँ नहीं। हमें देखकर लोग डर कर भागने लगते हैं। बाजार में हमें देखकर भगदड़ मच जाएगी। कुछ हादसा हो जाएगा।

यमदूत-1 : तो चलो कहीं चाट खाते हैं।

यमदूत-2 : नहीं वहाँ नारियाँ होंगी। वे चाट की बहुत शौकीन होती हैं। तू उन्हें देखकर सीटी मारने से बाज नहीं आएगा। वे भी डर कर भागने लगेंगी।

यमदूत-1 : यहाँ भी नहीं वहाँ भी नहीं। रोज-रोज बस एक ही काम गले पड़ा रहता है। किसी नारी को देखकर हम पीछे से सीटी भी नहीं मार सकते। जैसे हमारे सीने में दिल ही न हो, कोई अरमान न हो।

यमदूत-2 : कहते ठीक हो यार। हमारे पेशे को जानकर कोई नारी हम से प्रेम नहीं कर सकती। सभी हमें जल्लाद समझतीं हैं।

यमदूत-1 : इस पर मृत्युलोक के चित्रकारों ने अपनी कल्पना से हमारी ऐसी भयानक सूरतें बना दी हैं कि हमारा नाम सुनते ही लोगों के रोंगटे खड़े हो जाते हैं।

(तभी एक गुब्बारे वाला वहाँ से गुजरता है। यमदूतों को देखकर गुब्बारे और लग्गी छोड़कर डर के मारे वहाँ से तेजी से भाग जाता है)

यमदूत-2 : लो अब यह देखो। हम लोग सूरत से क्या इतने भयानक और डरावने दिखते हैं भाई। हमारे सीनों में भी धड़कता हुआ एक दिल है।

यमदूत-1 : ओफ। इतना वक्त कहाँ और कैसे काटें। यमलोक से निकल तो आए जल्दी।

(तभी कुछ सिपाही आकर उन्हें चारों ओर से घेर लेते हैं।)

सिपाही-1 : हम कटवा देते हैं तुम्हारा वक्त। थाने में तुम्हारा वक्त बहुत आराम से कटेगा।

सिपाही-2 : मिल ही गए आखिर ये दोनों। क्यों चौबे जी?

सिपाही-3 : हाँ यादव। तीन में से दो तो मिल गए। तीसरा भी यहीं कहीं ऐसे ही मिल जाएगा।

यमदूत-2 : मिल ही गए मतलब।

सिपाही-1 : मतलब हमने तुम दोनों को गिरफ्तार कर लिया।

यमदूत-1 : आप लोग कौन हैं और इस तरह हम दोनों को घेर कर क्यों खड़े हैं?

सिपाही-2 : अभी पता चल जाएगा कि हम लोग कौन हैं। बहुत चकमा दे चुके बच्चू यादव को। शक्ल तो हू-ब-हू वैसी ही है। शक-शुबहा की तनिक भी गुंजाइश नहीं है?

सिपाही-4 : क्यों बे ये काले कपड़े इसलिए पहन रखे हैं ताकि कोई वारदात करके अँधेरे में गुम हो जाओ।

सिपाही-3 : और सिर पर सूअरों जैसे खड़े बाल।

सिपाही-2 : चौबे जी ये शैंपू नहीं करते इसलिए। *(जोर से हँस पड़ता है।)*

सिपाही-3 : ड्यूटी के समय हँसना मना है यादव। चेहरों पर ये नौटंकी छाप मेकप। जरूर ये किसी बड़ी वारदात को अंजाम देने वाले थे।

यमदूत-2 : आप लोग चाहते क्या हैं?

सिपाही-5 : तुम्हें पकड़ना चाहते थे सो पकड़ लिया।

सिपाही-1 : पंद्रह दिनों से चकमा दे रहे थे।

सिपाही-5 : इन आतंकवादियों ने हमारी नाक में दम कर रखा था।

सिपाही-1 : बोलो। शहर में बम रखने की योजना कहाँ बना रहे थे?

सिपाही-3 : तुम्हारा तीसरा साथी कहाँ है? खैर वह भी हत्थे चढ़ेगा। पुलिस से बच कर कहाँ जाएगा।

यमदूत-1 : हम कोई आतंकवादी नहीं हैं।

सिपाही-3 : हम जिसे पकड़ लें वही आतंकवादी।

(दरोगा आता है)

दरोगा : ये क्या शोर मचा रखा है तुम लोगों ने। किस उल्लू के पट्ठे को पकड़ रखा है।

सिपाही-3 : सर। तीन में से दो आतंकवादियों को हमने पकड़ रखा है जिन्होंने इंदिरा टाकीज में बम विस्फोट किया था।

(दरोगा दोनों यमदूतों के पास जाकर टार्च जलाकर उनके चेहरों का मुआयना करता है)

दरोगा : अबे कौन हो तुम! किस गुट से संबंध रखते हो? बोलते

क्यों नहीं! घंटे भर से पूछ रहा हूँ। मुँह में दही जमा है क्या?

यमदूत-2 : हम दोनों यमदूत हैं। यमलोक से आए हैं!

दरोगा : तुम सालो यमलोक से आए हो। वहाँ क्या करते हो? यादव ये यमलोक किस थाने में पड़ता है?

यमदूत-1 : यमलोक इस धरती से ऊपर है।

दरोगा : होगा। हमें क्या। तुम दोनों वारदात करके इस तरफ भागे थे क्या?

यमदूत-2 : हम तो बस सड़क पर टहल रहे थे।

दरोगा : सड़क क्या तुम्हारे बाप की है। टहल रहे थे कि टोह ले रहे थे। तुम करते क्या हो?

यमदूत-1 : जीव पकड़ कर यमलोक ले जाते हैं। हम दोनों यमदूत हैं।

दरोगा : और पुलिस को पता नहीं। बिना पुलिस को हफ्ता दिए तुम लोग मुफ्त में यहाँ से जीव पकड़कर ले जाते हो। अंधेर मचा रखा है।

सिपाही-3 : बिल्कुल सर।

सिपाही-2 : क्यों बे बाप का राज समझ रखा है क्या। चाहे कहीं बम फोड़ दो।

यमदूत-2 : *(सिपाही-2 की गर्दन पकड़ लेता है।)* बाप तक क्यों जा रहे हो। और यह बे बे क्या लगा रखी है।

सिपाही-2 : *(गर्दन छुड़ा कर)* अबे दूर हट। सिपाही पर हाथ धरता है। तेरी तो...

यमदूत-2 : मैं तेरी जान ले लूँगा।

सिपाही-2 : मौत से पहले नहीं। यमराज भी नहीं ले सकते। अब जान तो हम लोग तुम दोनों की लेंगे। थाने का लॉकअप देखा है कभी।

यमदूत-2 : कैसी विवशता भरी है हम यमदूतों की जिंदगी। मौत से पहले किसी की जान तक नहीं ले सकते।

दरोगा : बहुत कर ली बक-बक। दोनों की तलाशी लो और किसी तरह इनकी जेबों से आर.डी.एक्स. बरामद करो। समझे

और एकाध हथियार बरामद हो जावे तो क्या कहने।

सिपाही-3 : अभी लो सर।

(सिपाही-1 अपनी जेब से एक पुड़िया निकालकर यमदूत-1 की जेब में डालता है। सिपाही-2 उसकी जेब से पुड़िया बाहर निकालता है। दोनों यमदूत इसका विरोध करते हैं। दो-दो सिपाही दोनों के हाथ पकड़ लेते हैं।)

सिपाही-2 : ये लें सर। दस ग्राम आर.डी.एक्स. इसकी जेब से बरामद हुई है।

सिपाही-3 : कोई बात नहीं। पोटा लगाने के लिए इतना सबूत काफी है। अब इन दोनों आतंकवादियों की गिरफ्तारी बनाओ।

सिपाही-2 : अच्छा सर।

(सिपाही-1 लिखा-पढ़ी करने का अभिनय करता है। आस-पास चलते लोग यह कार्यवाही देखने के लिए रुक जाते हैं।)

यमदूत-1 : आप लोग यह क्या कर रहे हैं?

सिपाही-2 : चुप बे। बहुत बक-बक कर पुलिस के काम में टाँग अड़ा रहे हो।

सिपाही-1 : लीजिए सर। आनन फानन से भी कम समय में इन दोनों की गिरफ्तारी हो गई।

दरोगा : शाबाश!

यमदूत-2 : ये आप लोग बार-बार हमें आतंकवादी क्यों कह रहे हो?

सिपाही-2 : फिर बक-बक। मेरा नाम यादव है। एक दफा और लगा दूँगा तो छठी का दूध याद आ जाएगा।

यमदूत-1 : ये छठी का दूध क्या होता है?

सिपाही-1 : डिब्बाबंद दूध का ब्रांड है पियोगे।

(सभी सिपाही हँसने लगते हैं)

दरोगा : खामोश। इन दोनों को थाने ले जाओ। तब तक मैं ऊपर वालों को खबर करता हूँ।

यमदूत-2 : किसे। यमराज महाराज को?

सिपाही-2 : नहीं। इसके महाराज दूसरे हैं। मरे आदमी तक की वे गवाही करा चुके हैं। बड़ी शोहरत है उनकी इस क्षेत्र में। उन्हें ही।

सिपाही-1 : *(दोनों यमदूतों को धकियाकर)* चलो ससुराल चलने का वक्त हो गया।

(दोनों यमदूतों को धकियाकर पुलिस वाले मंच के एक ओर से जाते हैं। दूसरी ओर से दरोगा जाता है। मंच पर अंधकार छा जाता है)

अंक तीन

दृश्य-1

थाना के भीतर का दृश्य। एक टेबल और दो हिलती डुलती कुर्सियाँ एक ओर रखी हैं। टेबल पर एक रोजनामचा खुला पड़ा है। टेबल की ओर वाली दीवार पर गाँधी जी की फोटो टँगी है और फोटो के नीचे नीले पेंट से सत्यमेव जयते लिखा है। सामने की दीवार पर एक पुराने जमाने की पेंडुलम घड़ी टँगी है और इसके ठीक नीचे लॉकअप नजर आ रहा है। दोनों यमदूत लॉकअप में बंद नजर आ रहे हैं। घड़ी दस बजने की सूचना देती है। थाना के भीतर कटि प्रदेश पर एक लाल अंगोछा भर लपेटे बस एक घुटमुंडा सिपाही दिखता है। वह सिल पर भाँग घोंटने में लगा है। बीच बीच में वह शंकर भोले की टेर लगा लेता है।

घु.सिपाही : आज बहुत देर में भंग का सामान जुटा। पर कोई बात नहीं। जय भोले शंकर काँटा लगे न कंकर।

यमदूत-1 : देखो दस बज गए हैं। बारह बज कर तीन मिनट और ग्यारह सेकेंड पर हमें सत्यवान के शरीर से जीव निकालना है। सिपाहियों ने हमें यहाँ कैद कर रखा है।

यमदूत-2 : प्यास से मेरा गला सूख रहा है। अब यहाँ सुरा क्या मिलेगी। पानी ही मिल जाए। *(सिपाही को पुकारता है)* ऐ भाई जरा पानी पिला दो।

घु.सिपाही : क्या है बे! तेरे बाप के चाकर हैं क्या जो अपना काम छोड़कर तेरे हलक में पानी डालने चले आएँ। बोल हैं क्या?

यमदूत-1 : जरा मौके की नजाकत समझो। हम तो यहाँ लॉकअप में बंद हैं। जीव पकड़कर कैसे ले जाएँगे। तुम्हें पानी की पड़ी है। कुछ तो सोचो।

यमदूत-2 : हलक में पानी ज़ाए तभी तो सोचें। सिपाही भाँग घोंट रहा है। थोड़ी-सी भाँग ही मिल जाती गला तर करने के लिए। पर ये तो बात ही नहीं करता।

यमदूत-1 : ऐसी उम्मीद क्यों करते हो इससे।

घु.सिपाही : जय बम भोले।

यमदूत-2 : क्यों क्या पुलिस के चरित्र में उदारता का निषेध है। *(सहसा गाँधी जी की फोटो पर निगाह पड़ती है)* अरे ये किसकी फोटो है *(घु.सिपाही से)* सिपाही जी ये किसकी फोटो यहाँ लटका रखी है।

घु.सिपाही : गाँधी बाबा की फोटो है बे। इन्हें नहीं पहिचानते। अजीब सिर्री हो।

यमदूत-2 : कौन गाँधी बाबा। हम यमलोक से आए हैं। हमें नहीं मालूम।

घु.सिपाही : *(बड़ी जोर से हँसता है)* अबे इन्हीं ने देश को आजाद कराया था।

यमदूत-2 : उनको यहाँ थाने में तुमने कैद कर लिया।

यमदूत-1 : महान लोगों के साथ यही तो लफड़ा है जिसका जहाँ मन पड़ता है वहाँ उनको लटका देता है।

यमदूत-2 : बस जो लटके गाँधी बाबा पुलिस लॉकअप में सो लटके हैं।

यमदूत-1 : पुलिस वाले बड़े सयाने होते हैं। गाँधी बाबा की फोटो दिखा वे पहले यहाँ बंद होने वाले को तसल्ली देते हैं फिर उसकी धुलाई करते हैं।

यमदूत-2 : *(चिंतित भाव से)* अपनी भी होगी क्या। क्यों सिपाही जी। **(सिपाही लोटे में भरी भाँग में अंगुली डुबा छिड़कते हुए परिक्रमा करता है। फिर बम भोले का सिंहनाद करके**

गटागट भाँग पी जाता है)

यमदूत-2 : ससुरा अकेले ही पूरी भाँग पी गया *(थूक निगलता है)* अब मेरा गला प्यास से और तेज चटखने लगा है।

(कुछ देर बाद घु.सिपाही भाँग के नशे में झूमने लगता है। वह लॉकअप के सीकचों के पास आकर खड़ा हो जाता है)

घु.सिपाही : कौन हो तुम लोग? बड़ी डरावनी सूरतें बना रखीं हैं तुम लोगों ने। नौटंकी में काम करते हो क्या?

यमदूत-1 : हम लोग यमदूत हैं। यमलोक से आए हैं।

घु.सिपाही : अच्छा यमलोक से आए हो। बताओ तो वहाँ कितने थाने हैं। कोई अच्छा थाना बताओ तो वहीं बदली करा लें। यहाँ ससुरी ऊपरी कमाई कुछ नहीं है। बस खाली पीली डंडा भाँजते रहो।

यमदूत-2 : यमलोक में थाना वाना कुछ नहीं होता।

घु.सिपाही : अच्छा यह तो बता दो तुम लोग करते क्या हो?

यमदूत-1 : हम लोग प्राण हरते हैं। यहाँ जो लोग मरते हैं उनका जीव निकालकर ले जाते हैं।

घु.सिपाही : *(हँसकर)* हमारे प्राण हर के बताओ तो जानें।

यमदूत-2 : अभी तुम्हारी मौत नहीं आई।

घु.सिपाही : अरे भाई तो किसकी मौत आई है। यहाँ क्या कर रहे हो बिना मौत के? लगता है दरोगा की मौत आई है। तभी तुम दोनों को यहाँ बंद कर गया।

यमदूत-1 : लगता है इसे भंग ज्यादा चढ़ गई है।

यमदूत-2 : हाँ लगता तो ऐसा ही है।

यमदूत-1 : देखो। वक्त ऐसे ही गुजरा जा रहा है। ध्यान लगाकर तुम यमराज महाराज से संपर्क करो और उन्हें बताओ कि हम लोग यहाँ किस तरह थाने में बंद हो गए हैं। यदि ऐसे ही बंद रहे तो जीव कैसे ले जा पाएँगे।

यमदूत-2 : ठीक है मैं कोशिश करता हूँ।

(पालथी मार कर लॉकअप के फर्श पर बैठ जाता है और आँखें बंद कर ध्यान लगाने का प्रयास करता है)

यमदूत-1 : थाना का पता ठीक-ठीक बताना यमराज महाराज को। कहीं भटक न जाएँ। वैसे भी आजकल गली-गली में तो जनसेवा शुरू हो गई है।

यमदूत-2 : ठीक है।

यमदूत-1 : और महाराज से कहना कि जरा जल्दी करें आने में।

यमदूत-2 : *(चिढ़कर)* अब तुम अपनी ये चोंच बंद करो तो ध्यान लगाऊँ।

यमदूत-1 : ठीक है। ठीक है। तुम ध्यान लगाओ।

(यमदूत-2 ध्यान लगाता है। कुछ देर बाद उसके चेहरे पर परेशानी झलकने लगती है)

यमदूत-1 : बात हुई।

यमदूत-2 : क्या खाक हुई!

यमदूत-1 : क्यों क्या हुआ?

यमदूत-2 : लगता है महाराज इस वक्त खर्राटे भर रहे हैं। कोई रिस्पान्स नहीं।

यमदूत-1 : फिर कोशिश करो।

यमदूत-2 : कई बार लगाया। मेरा संदेश बार-बार उनके भैंसे के खुरों से टकरा रहा है।

यमदूत-1 : *(परेशानी की हालत में)* वक्त रफ्ता रफ्ता गुजरा जा रहा है और महाराज जो हैं खर्राटे भर रहे हैं। खैर कोशिश में लगे रहो।

यमदूत-2 : हाँ। हाँ वही कर रहा हूँ। *(फिर ध्यान लगाता है और अजीबो-गरीब हरकतें करता है। काफी देर बाद)* जाग रहे हैं महाराज—खर्राटों की आवाज कुछ धीमी हुई है। अब... उन्होंने करवट बदली है.....हाँ। हाँ जाग गए हैं। *(बोलने का कुछ देर मूक अभिनय करता है)* सब कुछ बता दिया है महाराज को। वे वहाँ से फौरन चल पड़ने को तैयार हैं।

यमदूत-1 : अब महाराज खबर लेंगे इन थाने वालों की।

(मंच पर अंधकार छा जाता है)

दृश्य-2

प्रकाश होने पर थाने के लॉकअप का वही दृश्य दिखाई पड़ता है। थाने में 70-75 वर्ष की आयु के सत्यवान सेठ प्रवेश करते हैं। वे धोती-कुरते में हैं पर पहिनावे में संपन्नता झलकती है। एकदम नए वस्त्र और नए पंपशू में वे पूरे कमरे में घूमते हैं?

सत्यवान : अरे भाई दरोगा जी कहाँ गए जो दिख ही नहीं रहे? कहाँ चले गए?

घु.सिपाही : कौन है बे? घंटे भर से मगज चाट रहा है। एक ही रट लगाए है दरोगा जी कहाँ हैं। हम क्या बताएँ कहाँ चले गए दरोगा जी। हम तो यहाँ थाना ताके बैठे मुस्तैदी से अपनी ड्यूटी कर रहे हैं। साले एक सिपाही को मुस्तैदी से ड्यूटी तक नहीं करने देते। जो देखो सो वही थाने में घुसता चला आता है जैसे खाला का घर हो।

सत्यवान : *(भड़क कर)* मुझे गाली देता है सत्यवान सेठ को। क्या औकात है तेरी? इस शहर की आधी मिल्कियत मेरी है। क्या समझ रखा है तूने मुझे। तेरे जैसे तो 50 नौकर लगे हैं मेरे यहाँ।

(तभी सत्यवान सेठ की निगाह लॉकअप में बंद यमदूतों पर पड़ती है। उनको देखकर उसके बदन में झुरझुरी-सी उठती है। वह लॉकअप की तरफ पीठ करके कुर्सी पर बैठ जाता है। उसके चेहरे पर घबराहट फैल जाती है।)

यमदूत-1 : लो सत्यवान सेठ तो यहीं आ गया।

यमदूत-2 : क्या बात है। अब कोई चिंता नहीं।

(यमदूत-2 उत्साह में सीटी बजाने लगता है। सेठ घबड़ा कर पीछे मुड़कर देखता है और कुर्सी से गिरते-गिरते बचता है)

घु.सिपाही : अरे तुमने भी छान रखी है क्या मेरी तरह।

(यमदूत-1 सेठ को नजदीक से देखने के लिए सलाखों से सट कर खड़ा हो जाता है वह हाथ बढ़ाकर सेठ का कंधा

छू लेता है। सेठ भयवश सिहर उठता है)

यमदूत-2 : मेरा टेंशन एकदम दूर हो गया। सेठ तो एकदम पास है।

यमदूत-1 : तुम उसको डराना नहीं।

यमदूत-2 : महाराज भी अब तक चल पड़े होंगे।

यमदूत-1 : अब आएँगे चींटी की चाल से। मुद्दत से वही आउटडेटेड भैंसे की सवारी। मृत्युलोक कहाँ से कहाँ पहुँच गया पर महाराज नहीं बदले बिल्कुल भी।

घु.सिपाही : *(सेठ के एकदम नजदीक जाकर खड़ा हो जाता है और गौर से उसके चेहरे का निरीक्षण करता है)* अरे सेठ तुम हो। धन्यभाग हमारे जो आपके दर्शन पाए। पहले क्यों नहीं बताया। जैसे ही भीतर घुसे थे बताना चाहिए था। आज यहाँ थाने में कैसे पधार गए। सट्टे के किसी अड्डे पर छापा पड़ गया क्या। बड़ी ज्यादती है।

सत्यवान : रपट लिखाने आया हूँ। मेरी रपट लिखो जल्दी से।

घु.सिपाही : अरे तो इतने उतावले क्यों हो रहे हो सेठ जी। हम समझे डाकू शैतान सिंह की चिट्ठी आई जो डर के मारे प्राण निकले जा रहे हैं।

सत्यवान : प्राण *(यमदूतों पर फिर से निगाह पड़ जाती है)* ये लोग कौन हैं भाई?

घु.सिपाही : हम क्या जानें। साले अपने को यमदूत कहते हैं।

सत्यवान : *(काँप कर)* यमदूत ये यहाँ क्या कर रहे हैं? कौन से जुर्म में बंद हो गए हैं ये?

घु.सिपाही : हम क्या जानें। दरोगा जी कौन से जुर्म में बंद कर गए हैं। तुम बताओ क्या रपट लिखानी है।

सत्यवान : लिखो हमारी पहली वाइफ राधा देवी ने आज फिर आत्महत्या का प्रयास किया।

घु.सिपाही : आत्महत्या। वो क्यों भला!

सत्यवान : एक हफ्ता पहले हमने चौथा विवाह जो किया है इसलिए।

घु.सिपाही : मुबारक हो। सेठ जी शादी मुबारक हो। इस पकी उमर में चौथा विवाह। कसम से बड़े किस्मत वाले हो। पर वो आत्महत्या....

सत्यवान : इसी विवाह को लेकर। दूसरे और तीसरे विवाह के वक्त भी उसने ऐसा ही प्रयास किया था।

घु.सिपाही : ये तो बड़ी ज्यादती है राधा देवी की।

सत्यवान : *(बेचैनी से)* तुम तो रपट लिखो जल्दी से।

घु.सिपाही : इतने अकुला क्यों रहे हो सेठ जी। रपट ही तो है लिख लेंगे। अब न तो थाना भागा जा रहा है और न हम। फिर जल्दी किस बात की है। ये तो बताओ कि अभी कितनी शादियाँ और करोगे। उमर तो खूब हो गई है।

यमदूत-1 : *(हँस पड़ता है)* अब ये क्या विवाह करेंगे।

घु.सिपाही : *(बिगड़कर)* चुप बे। चुप्प लॉकअप के भीतर हँसते हो। हाँ सेठ बताओ तो।

सत्यवान : जब तक दहेज न चुका सकने वाले बाप मिलते रहेंगे।

घु.सिपाही : *(किलककर)* बहुत खूब सेठ जी। बहुत खूब। क्या डायलाग मारा है। मजा आ गया।

सत्यवान : रपट लिखो भाई।

घु.सिपाही : हाँ-हाँ लिखते हैं अभी *(रोजनामचा अपनी तरफ खींचता है और लिखने के लिए पेन तलाशता है)* हाँ तो बोलो सेठ क्या लिखाना चाहते हो रपट में।

यमदूत-1 : रपट लिखने के पहले रोजनामचा तो सीधा रख लो। **(घुटमुंडा सिपाही हड़बड़ी में रोजनामचा सीधा करता है फिर दोनों यमदूतों को घूर कर देखता है)**

घु.सिपाही : तो तुम लोग मानोगे नहीं....
(भाँग के नशा में लोट जाता है। मंच पर अंधकार हो जाता है)

दृश्य-3

मंच पर प्रकाश होने पर थाने का वही दृश्य दिखाई पड़ता है। घु. सिपाही फर्श पर पड़ा हुआ है। द्वार के पास हाथ

में एक शीशी पकड़े जिस पर बड़े अक्षरों में जहर लिखा हुआ है राधा देवी खड़ी हुई हैं। सत्यवान सेठ राधा देवी को देखकर अचकचाकर खड़ा हो जाता है।

सत्यवान : तुम राधा देवी यहाँ।

राधा देवी : हाँ मैं यहाँ। आश्चर्य हुआ न। मैं जानती थी तुम रपट लिखाने थाने जरूर जाओगे। मैं तुम्हारा पीछा करती चली आई। लिखाओ रपट और गिरफ्तार करा दो मुझे। जिससे तुम्हारे माथे पर कलंक न लगने पाए।

यमदूत-1 : लगता है ये सेठ की पहली बीवी है। इस उमर में भी क्या दमकता रूप है राधा देवी का। सेठ की पसंद की दाद देनी पड़ेगी।

राधा देवी : इस पकी उमर में तुम्हें ऐयाशी सूझ रही है।

सत्यवान : बस करो।

राधा देवी : एक नहीं, दो नहीं अब चौथी बीवी भी ले आए। कुछ दिनों बाद और बीवियाँ घर में भर लोगे। शर्म नहीं लगती।

सत्यवान : बहुत हुआ।

राधा देवी : *(जहर की शीशी ऊपर उठाकर)* मेरे सब दुखों का अंत यही जहर है। यहीं थाने में यह जहर पीकर प्राण त्याग दूँगी। तुमने मेरा जीवन नरक बना डाला। ऐसे जीवन से मरना भला।

सत्यवान : *(उठकर रोकने की कोशिश करता है)* नहीं राधा देवी नहीं। जहर मत पीना। चाहो तो आधी जायदाद अपने नाम लिखा लो। आखिर कमी तुम्हें किस बात की है।

(सहसा घु.सिपाही उठकर बैठ जाता है। राधा देवी को देखकर वह बौखला जाता है)

घु.सिपाही : थाने के भीतर नारी। यह क्या घपला चल रहा है। अभी तो नहीं थी। अभी-अभी कहाँ से प्रकट हो गई।

राधा देवी : एक ब्याहता औरत के लिए उसके पति से बढ़कर कोई जायदाद नहीं होती। रखे रहो अपनी जायदाद। जब पति मेरा न हुआ तो जायदाद कैसे मेरी हो जाएगी।

(घु.सिपाही उठकर राधा देवी के हाथ में पकड़ी जहर की

शीशी को निहारता है)

घु.सिपाही : जहर। नारी के हाथ में जहर। ये क्या हो रहा है। कोई बताए ये क्या लफड़ा चल रहा है।

राधा देवी : पहले एक सौतन ले आए फिर दूसरी और अब हफ्ता भर पहले तीसरी। प्रदर्शनी लगाओगे क्या।

यमदूत-1 : अब दी एंड समझो राधा देवी। आगे कोई सौतन ये नहीं ला पाएँगे इसका विश्वास करो।

राधा देवी : *(यमदूतों की ओर देखकर)* कैसे विश्वास करूँ तुम्हारी बात पर। नहीं तुम झाँसा दे रहे हो। जहर पीकर मरने से आज मुझे कोई नहीं रोक सकता।

घु.सिपाही : ये रणचंडी नारी। थाने के भीतर आत्महत्या करना मना है। फौरन बाहर निकलो।

राधा देवी : तू मुझे बाहर निकालेगा नासपीटे *(धक्का देती है। घु. सिपाही गिर पड़ता है)* मैं तो अपने आप इस बेरहम दुनिया को छोड़कर जा रही हूँ *(सत्यवान सेठ से)* अब करते रहना जितना मन पड़े शादियाँ। भर लेना बीवियों से घर। तुम्हारे पास तो बहुत पैसा है। कितनी ही अभागी लड़कियाँ और उनके बेबस बाप मिल जाएँगे तुम्हें।

सत्यवान : ऐसा न कहो राधा देवी।

राधा देवी : जरूर कहूँगी। बहुत सह लिया है मैंने। अब सामर्थ्य नहीं रही सहने की। अब जाती हूँ। अलविदा मैं चली उस लोक... **(गटगट करके जहर पी जाती है और चकराकर फर्श पर गिर पड़ती है।)**

सत्यवान : ये तुमने क्या कर डाला राधा देवी। मेरे माथे पर पत्नी की आत्महत्या का कलंक लग गया। **(विचलित होकर पास जाने को होता है पर हिम्मत नहीं पड़ती)**

घु.सिपाही : थाने के भीतर आत्महत्या। ऐ भगवान इस थाने पर कलंक लग गया। *(सत्यवान से)* बोलो अब क्या रपट लिखूँ। तुम्हारे कारण यह नारी मर गई सेठ।

यमदूत-1 : अरे! ये क्या गड़बड़ी हो गई। परवाना तो हमें सत्यवान

सेठ के लिए मिला था।

यमदूत-2 : और मर गई राधा देवी।

यमदूत-1 : राधा देवी का परवाना किसी दूसरे यमदूत को मिला हो।

यमदूत-2 : *(चारों तरफ देख कर)* पर यहाँ आस-पास तो कोई यमदूत नहीं दिख रहा है। विधान में यह कैसी गड़बड़ी चल रही है।

(थाने की घड़ी बारह बजाती है। दोनों यमदूत बुरी तरह चौंकते हैं। सहसा दोनों यमदूत सलाखों के बाहर निकल आते हैं। वे सत्यवान सेठ के आजू-बाजू आकर खड़े हो जाते हैं। सत्यवान सेठ बारी-बारी से दोनों को देखता है फिर उसकी नजर राधा देवी पर ठहर जाती है)

यमदूत-1 : तीन मिनट और ग्यारह सेकेंड बस।

यमदूत-2 : बस एक मिनी फासला।

घु.सिपाही : ये क्या बक-बक किए जा रहे हो तुम लोग। लॉकअप से बाहर कैसे आए बोलो। *(लॉकअप का ताला देखकर)* अरे ताला तो बन्द है। फिर बाहर कैसे? आज ये हो क्या रहा है थाने के भीतर?

(सहसा सत्यवान सेठ छाती पकड़कर कराहने लगता है। कुर्सी से नीचे गिर पड़ता है और छटपटाने लगता है)

यमदूत-1 : *(ताली बजाता है)* मौत आ गई।

यमदूत-2 : मौत का मुकर्रर वक्त टल नहीं सकता।

घु.सिपाही : *(हैरत में भरकर)* समझ गया तुम लोग असली यमदूत हो। पर यमदूत भाइयो मेरे प्राण न हर ले जाना। मैं अभी मरना नहीं चाहता। घर में छोटे-छोटे बच्चे हैं। एकदम कच्ची गिरहस्थी। पत्नी जो है बीमार रहती है कसम ले लो। नौकरी भी अभी पक्की नहीं है। मुझे बक्श देना......

(गिरकर बेहोश हो जाता है। सेठ उसी तरह छटपटाता रहता है)

यमदूत-1 : ये फिर बेहोश हो गया। मैं तो डर रहा था आज चूके प्राण हरने से। पर राधा देवी.....

यमदूत-2 : राधा देवी को मारो गोली। हमें तो सत्यवान सेठ के प्राण

हरने हैं।

यमदूत-1 : पर राधा देवी के प्राण गए कहाँ आखिर। कौन ले गया। कोई तो है नहीं यहाँ। महाराज भी नहीं आए।

(सत्यवान सेठ छटपटाता और कराहता है। मंच पर अंधकार हो जाता है)

दृश्य-4

मंच पर प्रकाश होते ही पूर्ण शृंगार किए एक आधुनिक नवयौवना जिसका नाम सावित्री है थाने में प्रवेश करती है। सबसे पहले उसकी निगाह फर्श पर पड़ी राधा देवी पर पड़ती है फिर सिपाही पर सबसे अंत में सत्यवान सेठ पर।

सावित्री : अरे ये कौन धरती पर पड़ा है। *(पास जाकर)* ये तो राधा जीजी हैं इनको क्या हुआ है। जीजी। बोलती क्यों नहीं *(फिर घु. सिपाही को देखकर)* ये कौन फर्श पर पसरा ऐसे सो रहा है जैसे पूरी जगह इसी की हो। अरे उठो भइया *(सत्यवान सेठ फिर कराहता है)* अरे इनको क्या हुआ है। क्या हुआ है प्राणनाथ *(छाती मलती है)* हे भगवान *(फिर सिपाही से)* अरे उठो। ऐ भइया। देखते नहीं इनको दिल का दौरा पड़ा है। उठो जाकर डॉक्टर को बुला लाओ जल्दी से.....*(फिर छाती मलने लगती है)*

यमदूत-1 : सुनो सुंदरी अब डॉक्टर बुलाने से कोई फायदा नहीं। इनकी आयु पूरी हो गई है। हम दोनों यमदूत हैं और सेठ का प्राण हरने के लिए भेजे गए हैं यमलोक से।

(सावित्री कभी यमदूतों को तो कभी सत्यवान सेठ को देखती है। यमदूत-2 थैली कमर से निकालकर उसे पहले खोलता फिर कसता है। संतुष्ट होने पर थैली यमदूत-1 के हाथ में पकड़ा देता है। कुछ ही देर में सत्यवान सेठ का शरीर

ठंडा पड़ जाता है। यमदूत-1 उसके प्राण को पकड़कर थैली में बंद कर लेता है)

सावित्री : *(हैरत से)* अरे। यह आपने क्या किया। अभी कुछ ही दिनों पहले तो हमारा इनसे विवाह हुआ था। इतनी जल्दी हम कैसे विधवा हो सकते हैं।

यमदूत-1 : ईश्वरीय विधान को कोई नहीं बदल सकता भद्रे।

यमदूत-2 : वैसे भी तुम्हारे पति ने भरपूर जीवन जी लिया है।

यमदूत-1 : इस महँगाई में लोग एक विवाह करने का साहस नहीं जुटा पाते। तुम्हारे पति ने एक नहीं दो नहीं पूरे चार विवाहों का आनंद उठा लिया।

सावित्री : नहीं। नहीं। ऐसा अन्याय न करिए। अभी प्राण मेरे पति के शरीर में ही रहने दीजिए।

यमदूत-2 : असंभव सुंदरी। असंभव है ऐसा कर पाना।

सावित्री : *(आँचल पसारकर)* इनकी जिंदगी लौटा दीजिए।

यमदूत-1 : जो आया है वह जाएगा एक दिन।

सावित्री : पर इनके प्राण रोकना होगा अभी।

यमदूत : *(समझाने के भाव में)* यह एकदम असंभव है सुंदरी। इनकी आयु पूरी हो चुकी है।

यमदूत-1 : वैसे भी अगर देखें तो तुम्हारी और सेठ की आयु में भारी अंतर है। यह बिल्कुल स्पष्ट है कि यह बेमेल विवाह तुम्हारी मर्जी से नहीं हुआ है।

यमदूत-2 : तुम्हें तो खुश होना चाहिए कि जल्दी छुटकारा मिला जा रहा है।

सावित्री : *(एकदम दोनों के पास जाकर)* कुछ भी हो इनके प्राण मैं अभी नहीं ले जाने दूँगी।

यमदूत-1 : *(धीरे से)* इसे बातों में उलझाए रखो, तब तक महाराज आ जाएँगे। अब इसका निदान वे ही करेंगे।

यमदूत-2 : बताओ सुंदरी तुम्हारे इस बेमेल विवाह का कारण क्या है?

सावित्री : धन की कमी। हम चार बहिने हैं। मैं सबसे बड़ी हूँ। सभी पढ़ी-लिखी हैं पर एक टीचर पिता के लिए योग्य वर और

दहेज जुटाना टेढ़ी खीर है।

यमदूत-1 : और इसीलिए बहुत सोच-समझकर तुम्हारे पिता ने बूढ़े सत्यवान सेठ को तुम्हारे गले गढ़ दिया।

यमदूत-2 : भई वा। मास्टरों की अपनी पुत्रियों की शादी कराने की यह अद्‌भुत शैली है।

यमदूत-1 : हाँ वे अपनी पुत्रियों के लिए उम्रदराज दूल्हे ढूँढ़ते हैं ताकि वे बिस्तर पर भी अदब से पेश आएँ। *(हँसता है)*

सावित्री : अब यही हमारे पति हैं। जवान हों या बूढ़े।

यमदूत-2 : *(प्रशंसा के भाव से)* ठीक कहा देवि!

सावित्री : मेरे पति के प्राण न हरो। पाँव पड़ती हूँ। *(पाँव छूने के लिए झुकती है)*

यमदूत-1 : *(दो कदम पीछे हटकर)* क्या करती हो देवि! हम तो सेवक मात्र हैं। हुक्म के चाकर। हमें कोई छूट देने का अधिकार नहीं है।

सावित्री : कौन छूट दे सकता है?

यमदूत-2 : यमराज महाराज। मृत्यु के देवता और कौन।

यमदूत-1 : वे चाहें तों आयु में कुछ छूट दे सकते हैं।

यमदूत-2 : एक मामले में उन्होंने छूट दे दी थी।

यमदूत-1 : हालाँकि इस वजह से उनके खिलाफ ब्रह्मा जी ने जाँच बैठा दी थी। यमराज महाराज को शक हुआ था कि इस जाँच के पीछे चित्रगुप्त महाराज का हाथ रहा है।

(तभी भैंसे के रंभाने की आवाज आती है)

यमदूत-2 : लो महाराज तो आ गए। अब चिंता की कोई बात नहीं है।

यमदूत-1 : महाराज कीं जय हो।

(कंधों पर गदा उठाए यमराज प्रवेश करते हैं)

यमराज : तो यही है वो थाना। बाहर से सभी थाने एक जैसे दिखते हैं सो भ्रम हो जाता है।

घु.सिपाही : *(होश में आ जाता है, यमराज को देखकर आपे से बाहर हो जाता है)* ये। ये। तुम कौन हो। बस भीतर घुसे चले आते हो जैसे ससुराल हो। चलो भागो यहाँ से।

(घु.सिपाही यमराज को बाहर करने के लिए उनकी ओर बढ़ता है। यमराज घुमाकर गदा उसकी पीठ में मारते हैं। सिपाही फर्श पर गिर पड़ता है। चिल्लाता है फिर शांत पड़ जाता है)

सावित्री : ये कौन हैं जो अभी-अभी गदा उठाए भीतर आए हैं।

यमदूत : यही यमराज महाराज हैं। अब कर लो इनसे प्रार्थना। सुंदर नारियाँ महाराज की कमजोरी हैं। थोड़ा अगर सलीके से अपनी बात महाराज के सामने रखोगी तो हो सकता है तुम्हारी बात मान भी जाएँ।

(यमराज वहाँ बैठने के लिए कोई आसंदी तलाशते हैं। कोई न दिखने पर वे टेबल पर पड़े रोजनामचा को खिसकाकर वहाँ बैठ जाते हैं। यमराज की निगाह पहले धरती पर पड़े सत्यवान सेठ पर पड़ती है फिर राधा देवी पर)

यमराज : अरे! ये दोनों कौन हैं ज़ो धरती पर पड़े हुए हैं। क्या हो गया है इन दोनों को।

यमदूत-1 : ये तो राधा देवी हैं इन्होंने जहर पी लिया है और सुनते हैं कि ये मर गई हैं।

यमराज : सुनते हैं मर गई है--ये क्या बात हुई?

यमदूत-2 : महाराज। राधा देवी का जीव लेने का परवाना हमारे पास नहीं है।

यमराज : फिर इनकी मृत्यु नहीं हुई होगी।

यमदूत-1 : पर ये तो काफी देर से यूँ ही मरी पड़ी है।

(सहसा राधा देवी आँखें खोलकर उठ बैठती हैं)

राधा देवी : मैं कहाँ हूँ?

सावित्री : जीजी। जीजी। देखो तो क्या हो गया है।

घु.सिपाही : ऐ बहिन जी। तुमने पहले जहर पिया और अब पूछती हो मैं कहाँ हूँ। चलो तुम्हें लॉकअप में बंद करूँ। भीतर घुसकर पूछना मैं कहाँ हूँ। आत्महत्या करना जुर्म है।

यमराज : *(सत्यवान की तरफ इशारा करके)* और ये कौन हैं। बहुत देर से निष्पंद पड़े हैं।

सावित्री : *(यमदूतों की तरफ इशारा करके)* इनके लिए ये दोनों

जिम्मेदार हैं। ये मेरे पति हैं।

घु.सिपाही : *(राधा देवी के पास जाकर)* तुमने तो जहर पिया था फिर मरीं क्यों नहीं।

राधा देवी : शीशी में जहर नहीं बेहोशी की दवा थी। बेहोश हुई थी। मैं क्यों मरूँ। मैं कायर नहीं हूँ। *(सत्यवान सेठ को देखकर)* अरे ये क्यों ऐसे पड़े हैं। इन्होंने भी क्या बेहोशी की दवा पी ली है। *(सावित्री को देखकर व्यंग्य से)* और ये रानी साहिबा भी यहाँ मौजूद हैं।

घु.सिपाही : अब चलो तुम लॉकअप के भीतर। बहुत हो गया। *(राधा देवी को धकेल कर लॉकअप तक लाता है और ताला खोलकर भीतर कर देता है)* हाँ अब ठीक है।

सावित्री : *(घु.सिपाही से)* ये तुम क्या कर रहे हो। *(फिर सत्यवान के शरीर के पास जाकर बैठती है। यमराज से)* दया महाराज दया। कृपा करके इनके प्राण न ले जाइए। वापस डाल दीजिए प्राण।

यमराज : तुम कौन हो सुन्दरी!

यमदूत-1 : ये सावित्री है महाराज और ये जो फर्श पर मृत पड़े हैं इनके पति सत्यवान हैं। इन्हीं के प्राण हरने तो हम दोनों को भेजा गया था महाराज।

यमराज : प्रश्न हमने सुंदरी से किया था तुमसे नहीं मूर्ख। हाँ तो सुंदरी क्या कहना चाहती हो।

(तभी घु.सिपाही बदहवासी में दौड़ता हुआ आता है)

घु.सिपाही : उसे रोकिए महाराज....

यमराज : किसे मूर्ख!

घु.सिपाही : उसे उस भैंसे को—नहीं-नहीं—श्रीमान् भैंसे को जो शायद आपका है।

यमदूत-2 : क्या हुआ?

घु.सिपाही : वो-वो—श्रीमान् का भैंसा थाने का पूरा रिकार्ड चट किए जा रहा है। उसे रोकिए वरना मेरी नौकरी चली जाएगी।

यमराज : *(यमदूत-2 से)* जाओ जाकर बाँध दो भैंसे को कहीं। यहाँ लॉन नहीं है क्या। हाँ तो सुंदरी क्या कह रही थी।

(यमदूत-2 बाहर जाता है)

सावित्री : मेरे पति के प्राण लौटा दीजिए प्लीज महाराज!

यमराज : प्राण लौटाना ब्रह्मा जी के अधीन है देवि। किसी प्राणी की आयु वें ही घटा-बढ़ा सकते हैं। यह हमारे अधिकार क्षेत्र से बाहर है। हम विवश है।

राधा देवी : क्या हुआ सेठ जी को? मर गए क्या?

सावित्री : मगर आपका विभाग किसी इंसान के शरीर से प्राण निकालने में कुछ विलंब तो कर सकता है।

यमराज : नहीं भद्रे। विलंब से प्राणी की आयु बढ़ जाती है। हम ऐसा नहीं कर सकते।

सावित्री : केवल आयु के मामले में ऐसी सख्ती क्यों। क्या दूसरे मामलों में विलंब नहीं होता।

यमराज : हम तुम्हारा अभिप्राय नहीं समझे देवि!

सावित्री : किसी व्यक्ति द्वारा की गई प्रार्थना और उसके फलस्वरूप फल की प्राप्ति के बीच में कितना विलंब होता है। आप जानते हैं महाराज।

यमराज : देवि!

सावित्री : जब फल देने में प्रभु विलंब करते हैं तो आपको देह से प्राण निकालने की इतनी जल्दी क्यों रहती है।

यमराज : तुम्हारी ये बातें ईश्वरीय विधान के विपरीत हैं जिन्हें सुनना भी पाप है।

सावित्री : पाप-पुण्य की बात मैं नहीं जानती महाराज। हाँ इतना जरूर जानती हूँ कि हर विभाग में विलंब से काम होता है। योजनाएँ समय पर पूरी नहीं हो पातीं। खिंचता रहता है सब काम। ऐसे में अगर कोई प्राणी हफ्ता दो हफ्ता अपनी आयु से अधिक जी लेता है तो क्या फर्क पड़ने वाला है।

यमराज : हमारा विभाग थोड़ा अलग हटाके है देवि। यहाँ के नियम कठोर हैं और तोड़े नहीं जा सकते।

सावित्री : *(तल्ख होकर)* क्या खाक कठोर है। नरक भोगने की अवधि समाप्त होने के बाद भी आत्माएँ नरक में पड़ी सड़ती रहती हैं। बिना विलंब किए आप उनको फौरन पुनर्जन्म के लिए

क्यों नहीं भेज देते।

यमराज : ओह। देवि तुम तो हमारे ऊपर ही आक्षेप लगाने लगीं।

सावित्री : आपके कठोर और न तोड़े जाने वाले नियमों की व्याख्या कर रही हूँ महाराज। आप स्वयं यह तथाकथित कठोर नियम एक बार तोड़ चुके हैं।

यमराज : क्या कह रही हो देवि!

सावित्री : क्या पहले आपने सत्यवान की आयु में छूट नहीं दी थी और उस सावित्री के कहने पर सत्यवान के प्राण वापस नहीं किए थे। बोलिए महाराज।

यमदूत-1 : आज फँसे महाराज।

यमराज : *(माथा ठोंककर)* आज भी उस भूल पर पछता रहा हूँ। सत्यवान के प्राण लौटा कर मैंने ईश्वरीय विधान के विपरीत काम किया था। मैंने उस चतुर नारी के वाक्जाल में फँसकर बिना सोचे-समझे उसे वरदान दे डाला था। भद्रे वह सतयुग का काल था। इस कलयुग में ऐसी भूल नहीं करूँगा।

राधा देवी : *(चिल्लाकर)* हरगिज मत करना महाराज।

सावित्री : *(कटाक्ष करती है)* उस समय आपका युवाकाल था महाराज और एक सुंदर नारी ने आपको लुभा लिया था महाराज।

यमराज : क्या कह रही हो देवि। हम देवों की आयु बढ़ती नहीं है। हम आज भी उतने ही तेजस्वी हैं जितने सतयुग में थे।
(यमदूत-2 वापस लौटता है)

यमदूत-1 : *(यमदूत-2 से)* आज फँसे हैं महाराज। बड़े सयाने बनते थे।

यमदूत-2 : निकली आ रही है सारी होशियारी।

सावित्री : अगर आज भी उतने ही तेजस्वी.....

यमराज : *(हाथ उठाकर)* ठहरो सुंदरी। आज मैं कोई वरदान देकर फँसने वाला नहीं। यह जान लो।

सावित्री : मैं भीख नहीं माँगती। मुझे नहीं चाहिए आपसे कोई वरदान।

यमराज : तो फिर।

सावित्री : मेरी आपसे छोटी-सी गुजारिश है कि मेरे पति के प्राण ले

जाने में थोड़ा विलंब कर दीजिए।

राधा देवी : हरगिज मत करना महाराज। इस भोली-भाली सी दिखने वाली औरत की बातों में मत आना।

सावित्री : जीजी प्रार्थना करती हूँ कि कुछ मत बोलो। मैं तो इनके प्राण लौटाने की जुगत में लगी हूँ। ये तुम्हारे भी तो पति हैं।

राधा देवी : देवी जी ने ये माना तो। मैं तो समझती थी अपना अकेला अधिकार सेठ जी पर मानती हो। पर इसमें भी कोई चक्कर होगा। मैं सब जानती हूँ।

सावित्री : *(अनुनय पूर्वक)* जीजी प्लीज!

यमराज : नहीं। नहीं। यह संभव नहीं है। तुम्हारे पति के प्राण उसके शरीर से निकल चुके है। अब कुछ नहीं हो सकता। यह विभाग की छवि का मामला है और इस मामले में कोई समझौता नहीं किया जा सकता। उस सावित्री वाले मामले में विभाग की भद्द पहले ही काफी उड़ चुकी है। अबकी बार बिल्कुल नहीं। कोई गुंजाइश नहीं।

सावित्री : *(आँचल की छोर को अंगुली पर लपेटती खोलती हुई)* छवि हुँह। महाराज। बड़ी अच्छी छवि है आपके विभाग की। क्या कहने। वहाँ तो बड़ा भारी करप्शन है। ऐसा करप्शन जिसकी कोई मिसाल नहीं।

यमराज : *(घबड़ाकर)* ये क्या कह रही हो देवि सावित्री। प्रभु के विभाग पर सीधा करप्शन का आरोप। बिना सोचे समझे। तुम्हारी तो जिब्हा गल कर गिर जानी चाहिए।

(यमराज क्रोध में टहलने लगते हैं)

सावित्री : *(जीभ मुँह के बाहर निकालकर दिखाती हुई। भाव चिढ़ाने का है)* देखिए महाराज मेरी जीभ गल कर नहीं गिरी। सच बोलने में किसी की जिह्वा गल कर नहीं गिरती। आप हमारी बात ध्यान से सुनें महाराज। बताती हूँ। सारी दुनिया में जहाँ नेक दिल, सच्चे और ईमानदार आदमी की दुर्गति हो रही है। वहीं आपके विभाग की कृपा से अन्यायी, दुराचारी, कुकर्मी और अपराधी किस्म के लोग इस धरती पर ऐश

करते हैं। आखिर क्यों। सब प्रभु की कृपा से ही न। वे लंबी उमर पाते हैं प्रभु की कृपा से। आपका विभाग ऐसे लोगों के खाते में लंबी उमर लिखकर क्या करप्शन नहीं करता। क्यों देते हैं ऐसे लोगों के खाते में लंबी उमर। ऐसे दुराचारी लोगों के प्राण हरने में आपके विभाग को कभी जल्दी नहीं रहती।

यमराज : इस मृत्युलोक में समस्त प्राणी अपने कर्मों के फल के अनुसार सुख या दुख भोगते हैं। इस जगत के समस्त प्राणी अपने-अपने कर्मों के फल से बँधे हुए हैं। जो भी हो रहा है ईश्वरीय विधान के अनुसार ही हो रहा है।

सावित्री : *(मंच के अग्र भाग में आकर)* आप शायद सच ही कह रहे हैं महाराज। उसी विधान के अंतर्गत जन्म लेने के लिए मुझे ऐसे घर में भेजा गया जहाँ अभाव की गीली लकड़ियाँ दिन भर सुलगती रहती थीं। कभी नहीं जाना अच्छा खाना-पहनना। पिता ने केवल पढ़ा-लिखा दिया। पर जहाँ अभाव हो वहाँ न ज्ञान और शिक्षा का कोई महत्त्व होता है और न सुंदरता का। अभिशाप की काली घटा छाई रहती है। *(यमराज के ठीक सामने पहुँचकर)* आप जानते हैं महाराज एक मध्यमवर्गीय परिवार में कन्या का जन्म किस रूप में लिया जाता है।

यमराज : *(अचकचाकर)* मुझे मृत्युलोक के बारे में बहुत पता नहीं है भद्रे! पर तुम मेरा वक्त जाया कर रही हो।

सावित्री : एक अभिशाप की तरह होता है उनका जन्म। माँ-बाप के लिए एक असह्य बोझ की तरह होती है कन्या। भ्रूण परीक्षण में अगर पता चले कि कोख में कन्या पल रही है तो उसका भ्रूण नष्ट करा दिया जाता है।

यमराज : पर नारी तो प्रभु की अद्‌भुत मनोहारी कृति है देवि।

सावित्री : इस मनोहारी कृति को दहेज के लोलुप जिंदा जला डालते है महाराज।

यमराज : इस पृथ्वी लोक के वासी क्या इतने क्रूर हैं।

सावित्री : आपके घर में कोई कन्या है क्या महाराज।

यमराज : नहीं तो। पर तुम यह क्यों पूछ रही हो।

सावित्री : तभी आप किसी कन्या के पिता होने की मजबूरी को नहीं जानते। वे पिता कैसे अपनी पुत्रियों को पालते हैं उस दारुण दुख का अंदाज आप कभी नहीं लगा सकते। पुत्रियों के विवाह की चिंता में वे कैसे तिल-तिल कर अपने को खत्म-करते रहते हैं आप नहीं जान पाएँगे प्रभु!

यमदूत-1 : आप ठीक कहती हैं देवि।

यमराज : *(अवाक् होकर सुनते हैं)* देवि। देवि।

सावित्री : मैं शायद जीवन भर क्वाँरी ही रह जाती क्योंकि मेरे पिता दहेज जुटाने में असमर्थ थे। एक बूढ़ा और धनवान वर ढूँढ़ कर मेरे पिता ने अपने कर्तव्य को पूरा कर लिया। मुझे पति का सुख न मिले पर धनी और संपन्न घर में और दूसरे सुख तो सहज ही उपलबध रहेंगे। मेरे पिता ने यह सोच कर मुझे इनके गले मढ़ दिया था। पर आपके विभाग को मेरा इतना-सा सुख भी देखा नहीं गया। मेरा पति मुझसे छीन लिया आपने।

यमदूत-1 : छीन लिया आपने।

यमदूत-2 : छीन लिया आपने।

घु.सिपाही : छीन लिया आपने।

यमराज : *(कानों पर हाथ रखकर)* ये क्या कह रही हो देवि!

सावित्री : सत्य वचन कह रही हूँ महाराज। इसीलिए मेरी जिह्वा गल कर नहीं गिरी।

राधा देवी : गिरेगी। अवश्य गिरेगी। अवसर आने पर गिरेगी।

यमराज : मैं जा रहा हूँ। वैसे भी काफी विलंब हो गया है। **(जाने को आगे बढ़ते हैं। सावित्री रास्ता रोककर खड़ी हो जाती है)**

सावित्री : न महाराज न। बिना समाधान के आप यहाँ से जा नहीं सकते।

यमराज : *(विवश भाव में)* मुझे जाने दो देवि। देव के विधान में बाधा न बनो। इस मृत्युलोक के दुख अपार हैं। इनका समाधान मेरे पास नहीं है। प्रभु की लीला है। इसका अर्थ

प्रभु ही जानते हैं।

सावित्री : आप धर्मराज हैं। पाप-पुण्य का लेखा आप करते हैं। इसलिए आप ही बताएँ कि किन पुण्यों के सहारे मैं अपना शेष जीवन व्यतीत करूँ? बताएँ आप। अपने यमदूतों से कहें कि वे मेरे भी प्राण खींच लें। मेरे जीने का अब अर्थ ही क्या है। मैं आत्मदाह कर लूँगी।

यमराज : तुम्हारी आयु अभी शेष है भद्रे। हम तुम्हारे प्राण कैसे ले सकते हैं अभी।

यमदूत-1 : नियमानुसार नहीं ले सकते।

यमदूत-2 : विधान ऐसा नहीं कहता।

सावित्री : तब मैं आपके पीछे-पीछे चलूँगी।

यमराज : *(घबड़ाकर)* नहीं। नहीं। तुम ऐसा नहीं कर सकती देवि।

सावित्री : मैं ऐसा ही करूँगी। मैं कह चुकी हूँ। मैं आपसे वर लेकर ही रहूँगी आप एक शार्ट टाइम वर नहीं दे सकते महाराज।

यमराज : शार्ट टाइम वर।

सावित्री : हाँ महाराज और यह वर देकर आप कहीं फँसेंगे नहीं और मेरा भी भला हो जाएगा।

यमराज : हाँ बोलो देवि जल्दी से कि तुम्हारा शार्ट टाइम वर क्या है।

सावित्री : मेरी प्रार्थना है महाराज। मेरे पति के प्राण केवल दो दिन के लिए लौटा दीजिए। केवल दो दिन के लिए। बस महाराज इतना विलंब स्वीकार कर लें।

यमदूत-1 : बस केवल दो दिन के लिए।

यमदूत-2 : अखंड सौभाग्यवती का वरदान न माँगकर तुम केवल दो दिन के लिए अपने पति के प्राण वापस माँग रही हो सुंदरी।

यमराज : आश्चर्य है। इन दो दिनों में तुम क्या कर लोगी देवि।

राधा देवी : त्रिया चरित्र दिखाएगी और क्या दो दिन में। क्या मेरे पति मर गए सच्ची में। *(रोने लगती है)*

सावित्री : बहुत कुछ। बस केवल दो दिन। इतने से मेरा काम चल जाएगा। इन दो दिनों में अपने पति से बाकी बची जायदाद अपने नाम लिखा लूँगी महाराज। मेरी छोटी बहिनें अभी क्वाँरी बैठी हैं। मैं नहीं चाहती कि वे दोनों भी मेरी तरह

इस अंधे प्रारब्ध की चपेट में आ जाएँ। इस प्राप्त धन से मैं उनके मस्तकों को सूर्य की भाँति चमकाने का प्रयास करूँगी महाराज।

राधा देवी : बड़ी आई जायदाद लिखवाने वाली। मैं मर गई क्या!

यमदूत-1 : उत्तम। सर्वोत्तम।

सावित्री : बस दो दिन की तो बात है महाराज। इतना विलंब क्षम्य है प्रभु।

यमदूत-2 : इसमें कोई बेजा बात नहीं है।

यमदूत-1 : हाँ महाराज। चल जाएगी इतनी देरी।

यमराज : चोप्प। अब पीठ पर मेरी गदा खाओगे। ससुरे देवि सावित्री के पक्ष में बोलने लगे।

सावित्री : प्लीज महाराज! इससे मुझे जीवन का समाधान मिल जाएगा प्रभु। थोड़ा विलंब कोई अनर्थ नहीं करेगा पर मेरे जीवन को एक अर्थ मिल जाएगा।

यमराज : मुझे सोचने दो देवि। तुम बहुत चतुर हो इसमें संदेह नहीं।

यमदूत-2 : इसमें सोचना क्या। मान भी जाइए महाराज।

घु.सिपाही : ये सन् 2007 की सावित्री है। इसकी बात रख लीजिए महाराज।

यमराज : सावित्री-2007 खूब कहा। हर युग की अपनी सावित्री है और यमराज को वरदान देना है। तुम्हें मैं क्यों निराश करूँ। *(कोई उपाय न देखकर)* ठीक है देवि। तुम जीती मैं हारा। तथास्तु। बस केवल दो दिन के लिए मैं तुम्हारे पति के प्राण लौटाता हूँ। तुमको अपने कार्य में सफलता प्राप्त हो यह आशीर्वाद भी लगे हाथ देता हूँ।

सावित्री : थैंक्यू महाराज *(हाथ मिलाने के लिए आगे बढ़ती है)*

यमदूत-1 : अरे पैर छुओ देवि। महाराज पुराने ख्यालों के हैं। वे तुम्हारा थैंक्यू नहीं समझते।

यमराज : मेंशन नॉट। तुम मुझे गँवार समझते हो क्या।

यमदूत-2 : नहीं महाराज। नहीं।

(सावित्री दौड़कर यमराज के पाँव छूने झुकती है। यमराज आशीर्वाद मुद्रा में खड़े रह जाते हैं। यमदूत-1 थैली खोलकर

जीव को मुक्त करता है। सत्यवान के निष्पंद शरीर में प्राण लौट आते हैं। वह धीरे-धीरे उठकर बैठ जाता है और आश्चर्य से चारों ओर देखता है। यमराज और दोनों यमदूत अंतर्धान हो जाते हैं। सावित्री सहारा देकर सत्यवान सेठ को उठाती है)

सत्यवान : राधा देवी ने मेरी आँखों के सामने रोकते-रोकते जहर पी लिया था। पर मुझे क्या हो गया था। बेहोशी सी छा गई थी। एकदम संज्ञाहीन।

सावित्री : आप प्राणविहीन हो गए थे। बड़ी मुश्किलों से आपके प्राण लौटा सकी हूँ।

राधा देवी : मैं यहाँ हूँ साक्षात जिंदा खड़ी हूँ। हर विवाह के बाद तुम जहर की शीशी बदल देते थे। असली की जगह नकली जहर। मैं मर कर भी मर नहीं पाती थी। पर आज मैंने खुद असली जहर की शीशी बदल दी थी। क्योंकि अब मैं मरना नहीं चाहती थी। मरने से तो निश्चिंत हो जाते तुम और यह तुम्हारी नई नवेली दुल्हिन भी। केवल दो दिन के लिए तुम्हारे प्राण लौटा सकी है पर अहसान तो कितना बड़ा रख रही है।

सत्यवान : मेरे प्राण सावित्री ने लौटाए हैं *(यहाँ वहाँ देखकर)* वे दोनों यमदूत अब नहीं दिख रहे हैं। किसके प्राण लेने आए थे।

सावित्री : आपके और किसके। वह प्राण मैंने वापस माँग लिए यमराज महाराज से।

सत्यवान : *(चमत्कृत होकर)* अच्छा।

(तभी एक सुदर्शन युवक जो सावित्री से उमर में कुछ बड़ा है एक हाथ में कुछ कागज पकड़े हुए प्रवेश करता है)

सावित्री : आ गए विवेक। कागज तैयार करा लाए।

विवेक : हाँ प्रिये! पर तुम्हें ढूँढ़ने में बहुत विलंब हो गया।

सावित्री : कोई बात नहीं। ठीक समय पर आ गए।

सत्यवान : ये युवक कौन है?

सावित्री : ये विवेक है। हम दोनों एक ही कालेज में साथ-साथ पढ़ते थे। मैं विवेक से प्यार करती थी। विवेक भी जी जान

से मुझे चाहता था *(विवेक की ओर देखकर)* क्यों विवेक *(विवेक सहमति में सिर हिलाता है)* यदि पिताजी ने तुम्हारे साथ विवाह न किया होता तो मैं विवेक से ब्याह कर लेती।

सत्यवान : *(सिर पकड़कर)* ओह!

राधा देवी : शरम हया है कुछ कि सब बेच कर खा गई।

सावित्री : जीजी बहुत हो गया। मैं आपका मान करती हूँ। जुबान मेरे मुँह में भी है। अभी यमराज महाराज को इसी जुबान से मजबूर किया है *(विवेक के हाथों से कागज लेकर सत्यवान के सामने फैला देती है)* इन पर दस्तखत कर दीजिए।

सत्यवान : ये कैसा कागज है!

सावित्री : आपका वसीयतनामा। जिसमें आप आधी जायदाद सावित्री अपनी पत्नी के नाम लिख दिए हैं।

राधा देवी : हरगिज न करना जायदाद में मेरा भी हिस्सा है। इसे आधा क्यों।

सत्यवान : आधा क्यों। मेरी तीन बीवियाँ और हैं।

सावित्री : पर वैधव्य का सबसे लंबा समय तुम्हारे बाद मुझे ही काटना पड़ेगा। बड़ी मुश्किलों से तुम्हारी जिंदगी के दो दिन लौटा पाई हूँ।

राधा देवी : अब समझी देवी जी की चाल।

सावित्री : लीजिए अब इन पर दस्तखत कर दीजिए।

(सत्यवान कागज हाथ में लेकर कुछ देर असमंजस में रहता है। फिर कुछ सोचकर उन पर दस्तखत कर देता है।)

सत्यवान : लो दस्तखत कर दिए। अब खुश।

राधा देवी : सत्यानाश। महा सत्यानाश। बैठे ठाले आधी जायदाद मार दी।

घु.सिपाही : चोप्प। बहुत हो गया। बर्दाश्त के बाहर। थाने के भीतर पहले आत्महत्या का प्रयास और अब शांति भंग करना। अब चुप रहना बिल्कुल समझे।

(सावित्री सत्यवान के दस्तखत किए कागज लेकर विवेक को दे देती है।)

सावित्री : इन कागजातों को सम्हाल कर रख लो विवेक।
(कागज विवेक के हाथों में थमाकर सावित्री सत्यवान सेठ को सहारा देकर उठाती है फिर धीरे-धीरे चल कर थाने से बाहर निकल जाती है। विवेक पीछे-पीछे कागज लिए चलता है)

राधा देवी : *(रोकर)* मुझे यहीं छोड़े जा रहे हो। इससे अच्छा था कि मैं सचमुच मर जाती।

घु.सिपाही : इस तरह सावित्री-2007 तो चली गई अपने पति के साथ। नहीं-नहीं अपने प्रेमी के साथ। नहीं-नहीं दोनों के साथ। अब देखने वालों ने यह नाटक देखा और मजा लिए। गदा खाए हम। अब खाली करो ये जगह और सिधारो यहाँ से। बहुत भीड़ मचा ली थाने के भीतर। अब शुरू होता है हमारा ड्यूटी टाइम। हम अब सोएँगे। राधा देवी भी चाहें तो सोएँ। आप लोग भी घर जाकर सोएँ। तथास्तु।
(आशीर्वाद मुद्रा में हाथ उठाए खड़ा हो जाता है मंच पर अंधकार)

इति